编委会

中等职业教育旅游类示范院校"十四五"规划教材

总主编

叶娅丽　成都纺织高等专科学校教授
　　　　成都旅游导游协会副会长
　　　　四川教育学会研学实践专业委员会学术专委会秘书

编　委（排名不分先后）

庄剑梅　成都工程职业技术学校　　高级教师
张　力　成都市礼仪职业中学　　　高级教师
徐永志　成都电子信息学校　　　　一级教师
刘　燕　成都电子信息学校　　　　一级教师
李玉梅　成都电子信息学校　　　　一级教师
廖　蓉　成都市蜀兴职业中学　　　一级教师
吴志明　四川省会理现代职业技术学校　一级教师
周　艳　南充文化旅游职业学院　　讲师
李　桢　四川省宜宾市职业技术学校　一级教师
汪远芳　四川省三台县刘营职业高级中学校　高级教师
刘斯俐　富顺职业技术学校　　　　一级教师
任　英　四川省峨眉山市职业技术学校　一级教师
黄克友　青川县职业高级中学　　　高级教师
王惠全　四川省广元市职业高级中学校　高级教师
王叔杰　四川省南江县小河职业中学　高级教师
林　玲　四川省工业贸易学校　　　一级教师
舒小朵　成都天府新区职业学校　　一级教师

中等职业教育旅游类示范院校"十四五"规划教材

总主编 ◎ 叶娅丽

前厅服务实训

Qianting Fuwu Shixun

主 编 ◎ 徐永志

内 容 提 要

《前厅服务实训》着力于职业学校学生学习酒店前厅服务接待技能,根据学生的认知特点,以工作过程为导向,用任务进行驱动。本书共分为六大板块,分别从认知前厅、散客服务实训、团队服务实训、VIP客人服务实训、住店期间的服务、客户关系维护等方面进行理论讲解和实训。由浅入深,内容从简单到复杂,从前厅认知到按流程进行对客服务实训,再到锻炼学生解决客人住店期间相关问题的能力,有利于学生循序渐进地掌握前厅服务知识。

图书在版编目(CIP)数据

前厅服务实训/徐永志主编. —武汉:华中科技大学出版社,2020.6
中等职业教育旅游类示范院校"十四五"规划教材
ISBN 978-7-5680-6179-7

Ⅰ.①前… Ⅱ.①徐… Ⅲ.①饭店-商业服务-中等专业学校-教材 Ⅳ.①F719.2

中国版本图书馆 CIP 数据核字(2020)第 072359 号

前厅服务实训
Qianting Fuwu Shixun

徐永志　主编

策划编辑:胡弘扬　李　欢	
责任编辑:李家乐	
封面设计:原色设计	
责任校对:张会军	
责任监印:周治超	
出版发行:华中科技大学出版社(中国·武汉)	电话:(027)81321913
武汉市东湖新技术开发区华工科技园	邮编:430223
录　　排:华中科技大学惠友文印中心	
印　　刷:武汉科源印刷设计有限公司	
开　　本:787mm×1092mm　1/16	
印　　张:11.5	
字　　数:267千字	
版　　次:2020年6月第1版第1次印刷	
定　　价:39.80元	

本书若有印装质量问题,请向出版社营销中心调换
全国免费服务热线:400-6679-118　竭诚为您服务
版权所有　侵权必究

总序

  2019年2月13日,国务院发布了《国家职业教育改革实施方案》,明确指出,坚持以习近平新时代中国特色社会主义思想为指导,把职业教育摆在教育改革创新和经济社会发展中更加突出的位置。优化教育结构,把发展中等职业教育作为普及高中阶段教育和建设中国特色职业教育体系的重要基础。建设一大批校企"双元"合作开发的国家规划教材,倡导使用新型活页式、工作手册式教材并配套开发信息化资源。为了落实《国家职业教育改革实施方案》意见,打造"以职业能力目标为导向,构建基于工作体系的中职课程体系",华中科技大学出版社组织编写了中等职业教育旅游类示范院校"十四五"规划教材。该套教材具有以下几个特点。

1. 理念先行,调研在前

  本着务实的态度,我们在编写前对全国百余所中职旅游类学校进行了问卷调研,了解各校的专业建设、课程开发及教材使用等情况;举办了中职旅游类教材建设研讨会,对每本大纲进行了研讨和修改,保证了本套教材体例和内容的一致性;采访了中职旅游类专业负责人、一线教师和用人单位,了解了中职教育的现状和存在的问题,明确了教材编写的要求。在经过充分调研的基础上,汇聚一大批全国高水平旅游院校学科带头人,合力编写了该套教材。

2. 定位准确,强调职教

  职业教育的目的是培养应用型人才和具有一定文化水平和专业知识技能的劳动者,与普通教育相比较,职业教育侧重于实践技能和实际工作能力的培养。本套教材没有盲目照搬普通教育模式,而是根据旅游职教模式自身的特点,突出了旅游工作岗位的实践技能和实际工作能力的培养。

3. 立足中职,衔接高职

  2014年国务院颁布了《关于加快发展现代职业教育的决定》,明确指出,建立健全课程衔接体系。推进中等和高等职业教育培养目标、专业设置、教学过程等方面的衔接,形成对接紧密、特色鲜明、动态调整的职业教育课程体系。高等职业学校重点是培养服务区域发展的高素质技术技能人才,而本套教材是按照中等职业教育的要求,强化了文化素养,围绕培养德智体美全面发展的高素质劳动者和技能型人才来编写的,重点培养旅游行业的高素质劳动者和技能型人才。

4. 对接企业岗位，实用性强

该套教材按照职业教育"课程对接岗位"的要求，优化了教材体系。针对旅游企业的不同岗位，出版了不同的课程教材，如针对景区讲解员岗位出版了《景区讲解技巧》《四川景区讲解技巧实训》等教材；针对旅行社导游出版了《导游基础知识》《导游实务》等教材；针对前厅服务员出版了《前厅服务实训》《旅游服务礼仪》等教材，保证了课程与岗位的对接，符合旅游职业教育的要求。

5. 资源配备，搭建教学资源平台

该套教材以建设教学资源数据库为核心，每本书配有图文并茂的课件，习题及参考答案，考题及参考答案，便于教师参考，学生练习和巩固所学知识。

叶娅丽

2020 年 3 月 10 日

前言

  近年来,国家大力推进以服务为宗旨、以就业为导向的职业教育改革,取得了一定的研究成果,尤其在课程改革环节,提出了工作过程导向、项目导向、任务驱动等一系列新理念、新方法、新理论。

  本书在编写时,深入研究了旅游类专业核心课程改革研究思路,调研了中职学校的旅游专业教师和学生,走访了市区几所代表性酒店,综合总结出以培养职业能力为核心,以工作实践为主线,以工作过程为导向,用任务进行驱动,建立以行动体系为框架的新课程结构。在传统前厅服务与管理类书籍的基础上,重新细化课程内容,将传统的前厅知识按照客人的不同类型进行前厅岗位服务整体设计,做到"一任务一理论一实践一标准",旨在每通过一个完整的板块内容教学,让学生进入情境模拟中,与酒店行业实际岗位情况进行无缝对接。

  本书参照工学结合的人才培养模式,基于对客服务工作过程来设置课程模块和内容,坚持"教""学""练"合一,内容涉及酒店通识性理论知识(认知前厅)、对客服务实训(散客、团队、VIP接待)、住店期间的服务、客户关系维护等板块,先入门,再工作实训,最后发现问题、解决问题的整体思路,内容从简单到复杂,从按流程实训到锻炼学生解决突发问题的能力,有利于学生循序渐进地掌握前厅服务知识,日后更加从容地进入行业工作。

  本书的编写是在成都纺织高等专科学校旅游专业叶娅丽教授的组织下,召集成都市各职业学校旅游专业教师和相关行业人员的共同努力才得以完成的。具体参与编写的教师及任务分工为:成都电子信息学校徐永志老师担任第一主编及审稿合稿,编写项目二散客服务实训;四川省粮食学校冯欢老师、林玲老师担任第二主编,冯欢老师编写项目六客户关系维护,林玲老师编写项目五住店期间的服务,成都电子信息学校邓小兰老师、李晴老师,四川省广元市职业高级中学校夏琴老师担任副主编,邓小兰老师编写项目一认知前厅、李晴老师编写项目三团队服务实训、夏琴老师编写项目四VIP客人服务实训。本书的大量图片和前厅行业标准的资料提供得到成都新东方千禧大酒店人力资源部范丽坤女士的大力支持,这为协调和联系酒店各部门提供了极大的便利。

  本书在编写过程中得到成都纺织高等专科学校叶娅丽教授的倾心指导,参考了同行专家、学者的最新成果,得到成都新东方千禧大酒店的协助,得到成都电子信息学校、四川省粮食学校、四川省广元市职业高级中学校的大力支持,得到华中科技大学出版社的出版指导,特此表示衷心的感谢。由于编者的水平有限,不足之处在所难免,恳请读者朋友们帮助,多加指正,以便修订和完善,共同为职业学校旅游专业教学出力。

目录

项目一 认知前厅 1

任务一 前厅部的地位与布局 / 2
任务二 前厅部的岗位组织结构及岗位职责 / 7
任务三 前厅部员工素养 / 12
任务四 前厅部实训知识储备 / 13

项目二 散客服务实训 23

任务一 散客到店预订服务 / 24
任务二 散客礼宾迎接服务 / 31
任务三 散客总台接待服务 / 38
任务四 散客离店服务 / 45

项目三 团队服务实训 53

任务一 团队抵达前的服务 / 54
任务二 团队礼宾迎接服务 / 60
任务三 团队总台接待服务 / 68
任务四 团队离店服务 / 73

项目四　VIP 客人服务实训　81

任务一　VIP 客人抵达前的服务 / 82
任务二　VIP 客人礼宾迎接服务 / 87
任务三　VIP 客人总台接待服务 / 90
任务四　VIP 客人离店服务 / 94

项目五　住店期间的服务　101

任务一　外币兑换服务 / 102
任务二　挂账服务 / 107
任务三　贵重物品保管服务 / 111
任务四　问讯服务 / 117
任务五　留言服务 / 122
任务六　总机服务 / 126
任务七　商务中心服务 / 132

项目六　客户关系维护　142

任务一　住客的常见问题 / 143
任务二　客人投诉的处理 / 156
任务三　前厅服务质量概述 / 162

参考文献　172

项目一 认知前厅

项目目标

职业知识目标：
1. 了解前厅部在酒店中的布局及重要地位。
2. 了解前厅部的组织框架及岗位职责。
3. 熟知前厅部员工的职业素养。

职业能力目标：
1. 能快速准确地报出酒店的客房种类及价格。
2. 能熟练掌握客房预订的方法。
3. 能熟练运用客房的推销技巧，灵活报价。
4. 掌握前厅销售排房的方法及分房的一般顺序。

职业素养目标：
1. 熟悉酒店前厅工作，培养前厅工作的认同感。
2. 培养对客服务的职业精神。
3. 培养善于思考、灵活应变的能力。

知识框架

项目导入

某中职高星级饭店管理与运营专业毕业生小云,应聘到成都新东方千禧大酒店前厅部做实习生,她的英文名是Susan。在岗前培训中,经理主要讲解前厅部的相关知识,对前厅部的知识体系做了一番梳理。大家和Susan一起来看看有哪些内容吧。

任务一 前厅部的地位与布局

任务引入

岗前培训的第一天,经理带领大家参观酒店前厅。一行人来到宾客云集的大堂,依次穿过客房预订处、礼宾服务处、接待处、问讯处、收银处、电话总机处、商务中心等地方,经理一一讲解这些机构的工作范围和要求。Susan看着前厅部的同事们微笑着为宾客服务,一切井然有序。在参观问讯处时,恰好有两个欧美客人在咨询成都哪儿有好吃的火锅,问讯处的同事用流利的英语为之解答,获得了客人真诚的感谢。

理论知识

前厅部位于宾客往来最为频繁的酒店大堂,是酒店业务活动的中心、宾客与酒店沟通的桥梁。前厅部既是客人踏入酒店最先接触的部门,也是客人办理离店手续最后接触的部门。因此,前厅部工作的好坏,直接关系到客人对酒店的印象,这不仅影响到酒店的客房出租率和经济收益,而且也反映了酒店工作效率、服务质量和管理水平的高低。可以说,前厅部是现代酒店管理的关键部门。

客人对前厅部服务的直接要求和通过其他部门转来的间接要求形成了总服务台繁忙的日常工作。客人通过前厅部办理登记入住手续;酒店要通过前厅部为客人提供账单服务、资料信息查询服务等；来访客人会见下榻在酒店的客人或亲友时，要与前厅部联系；客人在餐厅遇到问题或是需要兑换零钱时，要找前厅部解决；酒店管理层要了解或解决客人的问题或有关事宜时，也要通过前厅部。那么，酒店的前厅部究竟是怎样的一个部门呢？

前厅部（Front Office）是指设在酒店大堂，负责招揽并接待宾客、销售酒店客房及餐饮康乐等服务产品、沟通协调酒店各部门的综合性对客服务部门。

一、前厅部在酒店中的地位

前厅部是现代酒店的重要组成部分，在酒店经营管理中占有举足轻重的地位。前厅部的运转和管理水平，直接影响到整个酒店的经营效果和对外形象。前厅部在酒店中的重要地位，主要表现在以下几个方面。

（一）前厅部是酒店业务活动的中心

前厅部是一个综合性服务部门，服务项目多，服务时间长。入住酒店的客人，从客房预订，到办理入住，直至离店结账，都在前厅部完成，因此前厅部是客人与酒店联系的纽带。前厅部通过客房产品的销售来带动酒店其他部门的经营活动。同时，前厅部还要及时地将客源、客情、客人需求及投诉等各种信息通报有关部门，共同协调整个酒店的对客服务工作，以确保服务工作的效率和质量。所以，前厅部通常被视为酒店的"神经中枢"，是整个酒店承上启下、联系内外、疏通左右的枢纽。无论酒店规模大小、档次如何，前厅部总是将向客人提供服务的中心作为酒店业务活动的中心，前厅部还直接面对市场，面对客人，是酒店中最敏感的部门。前厅部能收集到有关市场变化、客人需求和整个酒店对客服务、经营管理的各种信息并对这些信息进行认真的整理和分析，每日或定期向酒店提供真实反映酒店经营管理情况的数据报表和工作报告，并向酒店管理机构提供咨询意见，作为制订和调整酒店计划和经营策略的参考依据。

（二）前厅部是酒店形象的代表

酒店形象是公众对于酒店的总体评价，是酒店的表现与特征在公众心目中的反映。酒店形象对现代酒店的生存和发展有着直接的影响。一个好的形象是酒店巨大的精神财富。酒店前厅部的主要服务机构通常都设在客人来往最为频繁的大堂。任何客人一进店，就会对大堂的环境艺术、装饰布置、设备设施和前厅部员工仪容仪表、服务质量、工作效率等产生深刻的"第一印象"。而这种第一印象在客人对酒店的认知中会产生非常重要的作用，它产生于瞬间，但会长时间保留在人们的记忆中。客人入住期满离店时，也要经由大堂前厅服务人员在为客人办理结算手续、送别客人时的工作表现给客人留下"最后印象"，优质的服务将使客人对酒店产生依恋之情。客人入住期间，前厅部要提供各种服务，客人遇到困难要找前厅部寻求帮助，客人感到不满时也要找前厅部投诉。在客人的心目中，前厅部便是酒店。而且，在大堂汇集的大量人流中，除住店客人外，还有许多前来就餐、开会、购物、参观游览、会客交谈、检查指导等的各种客人。他们往往停留在大堂，对酒店的环境、设施、服务评头论足。因此,前厅部的管理水平和服务水准,往往直接反映整个酒店的管理水平、服务质量和服务风格。前厅部是酒店工作的"橱窗",代表着酒店的对外形象。

（三）前厅部是酒店创造经济收入的关键部门

前厅部的创收有两层含意:一是前厅部的直接营业收入,如商务中心、车队等在为客人服务中创造收入;二是前厅部承担了部分客房销售的职能,特别是那些没有预订、直接抵店的客人,或者是来酒店实地考察的客人,前厅部能否提供满意的服务可以说是销售成功的重要前提。因此,前厅部的有效运转与销售是提高酒店客房出租率,增加客房销售收入,从而提高酒店整体经济效益的关键途径之一。

二、前厅部的布局

高星级酒店前厅部的布局随着时代的发展在不断更新,各家酒店也都在前厅设计上突出自己的特点,但是星级酒店前厅的布局设计一般都遵循下列基本原则,以利于星级酒店前厅的运转。

（一）前厅部布局的基本原则

1. 经济性

前厅是宾客往来频繁之地,因此前厅部的布局应首先体现经济性,对客流量最大的大堂应重点布置,如酒店入口处、酒店大门、总台、大堂公共活动区域。

2. 安全性

星级酒店前厅的设置遵循安全性原则。其含义一方面是指星级酒店前厅的设置必须确保收银处的安全,预防损害星级酒店前厅现金和账务活动的事情发生;另一方面,星级酒店前厅的设计要能够为客人保密,不能让客人轻易得知其他客人的情况。因此,星级酒店前厅的前台以直线式、半圆形为多,而圆形较少。图1-1所示为酒店大堂区域。

3. 明显性

星级酒店前厅的位置应该是明显的,客人一进入酒店就能发现酒店前厅,同时星级酒店前厅的员工也能够看清星级酒店前厅大堂出入的过往客人。如果一家星级酒店的前厅不易让客人找到,那么其布局是不合理的。

此外,星级酒店前厅的明显性原则还包括前台各业务处明确的中英文标识。

4. 前厅布局要考虑美观性

星级酒店前厅不仅要高效、准确地完成客人的入住登记手续,而且要能够给客人留下深刻的良好形象。因此,星级酒店前厅的布局、灯光、色彩以及气氛都是不容忽视的内容。

星级酒店前厅的装饰、灯光、布置,必须有特色,必须体现星级酒店前厅的级别、服务特点及管理风格,必须对客人有较强的吸引力,并具备宁静的气氛。

图 1-1　酒店大堂区域

（二）前厅部布局的基本形式

图 1-2 所示为前厅部布局示意图。

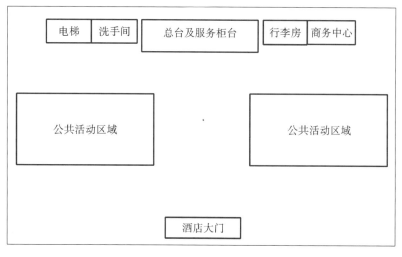

图 1-2　前厅部布局示意图

1. 酒店大门

星级酒店大门由正门和边门构成，大门的外观要新颖，有特色，能对客人有较强的吸引力。一般的酒店都采用玻璃门作为正门。酒店的玻璃门要选用厚度、强度、颜色合适的玻璃制作,安装要牢固,防止玻璃落下碰伤客人。玻璃门要有醒目的中英文及图形标识,酒店的店名牌、店徽及星级标识要醒目、美观,不易被来往的车辆挡住。

大多数酒店的正门分成两扇,便于客人进出,门卫为客人提供开门服务,也可以根据客流量的大小增设更多扇门,正门两侧应各开一两扇边门,以便于酒店员工及团队客人的行李进出酒店。

安装自动感应门的酒店,应同时开设手开边门,以防感应失灵时客人无法进出酒店。

有些星级酒店使用双道门,即两道有一定间距的门,内道门开则外道门关,外道门开则内道门关,这样可以节约能源。

使用旋转门为正门的酒店,旋转门的性能应可靠,螺丝要牢固以防夹伤客人。为安全起见,酒店的正门在夜间应关闭,只留边门。

酒店的大门前,应有供客人上下车的空间及回车道、停车场,使客人进出方便、安全,正门外还应留有足够的空间,以暂时摆放进出酒店的团队客人的行李。

有些酒店正门前还设计了小花园和喷泉,以给客人留下良好的第一印象。

正门前台阶旁还应设立专供残疾客人轮椅出入酒店的坡道,以方便残疾客人的出入。

通常在大门口还铺设一块地毯,供客人擦干净鞋底后进入前厅,以保持前厅的整洁,防止湿鞋带入前厅的水珠使客人滑倒。

边门旁应设置伞架,供客人存放雨伞。

酒店大门外的空地,通常应设置旗杆,一般设置三根,分别用来悬挂店旗、中国国旗和在酒店下榻的重要来宾所在国的国旗。

2. 大堂公共活动区域

星级酒店前厅的风格、面积必须与酒店的规模和星级相适应,前厅中应有足够的空间供客人活动。公共活动区域功能众多,包括总台、商务中心、大堂酒吧、咖啡厅、商场等。通常此区域面积的大小与酒店的规模和星级相匹配,高星级酒店的大堂公共活动区域一般控制在 250—400 平方米。同时,大堂应有一定的高度,采光充分或灯光明亮,这样不会使人感觉到压抑。大厅地面应美观,最好为大理石或优质木地板,既美观又便于清洁。图 1-3 所示为酒店大堂公共区域。

公共活动区域重点是总台,总台是前厅大堂内酒店总服务台的简称,是为客人提供入住登记、问讯、兑换外币、结账等前厅综合服务的场所。为了方便客人,总台一般位于酒店一楼,各项总台业务应相对集中(如接待、问讯和总台收银等)。根据大堂设计布局,总台最好能正对大堂入口处,这样,不仅使总台人员能观察到整个前厅、出入口、电梯等活动场所的情况,而且也能使总台人员能清楚地观察到正门外客人车辆的到达情况,从而做好接待准备工作。同时,又有利于及时发现各种可疑情况,以消除隐患,保证安全。

星级酒店的前厅部电梯旁应设有用中英文文字及图形明显标示的供男女客人使用的洗手间,洗手间要宽敞,各种用品如手纸、面巾纸、香皂、干手器、小毛巾、擦鞋机等要齐全,洗手间应干净无异味。

图 1-3 酒店大堂公共区域

总之,前厅内客人的活动区域,酒店员工的活动及工作区域,店外单位驻店服务点的工作区域,都要能最大限度地发挥作用,客用电梯、酒店员工电梯及行李专用电梯应分别设立。

任务二 前厅部的岗位组织结构及岗位职责

任务引入

在岗前培训期间,前厅部经理为新员工们讲解了岗位组织架构及岗位职责。Susan认真记录,她的第一个岗位是问讯处实习生,主要负责向宾客提供问讯服务,回答客人对酒店设施服务项目及相关情况问讯,处理传真、信函、电话和邮件,代存客人物品及转达留言等事宜。她的实习导师是问讯员Lily,问讯主管Sam负责问讯处的排班和考勤及突发事件的处理。Susan认真记录,不错过每一条岗位职责,她深知找对人才能高效办事。

理论知识

前厅部组织结构的设置要求应既能保证前厅运作的功能和效率,又能方便客人,满足客人的需求。

一、前厅部组织结构模式

各酒店前厅部组织结构的具体设置不尽相同。在我国,前厅部大致有以下两种模式。

(一) 大型酒店前厅部组织结构

大型酒店的前厅部内部通常设有部门经理、大堂副理、主管、领班和服务员五个管理层级,在大堂副理的层级还设有高级礼宾部主管(金钥匙)。图1-4所示为一般大型酒店前厅部的职能设置。

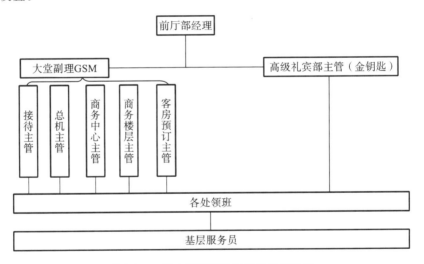

图 1-4 一般大型酒店前厅部的职能设置

(二) 中小型酒店前厅部组织结构

中小型酒店为了减少管理层级,在前厅部内部设立部门经理、领班和服务员三个管理层级,有的酒店根据需要会增设大堂副理岗位。图1-5所示为一般中小型酒店前厅部的职能设置。

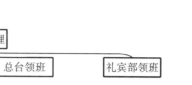

图 1-5 一般中小型酒店前厅部的职能设置

二、前厅部主要部门职责

(一) 礼宾部 (Concierge)

有的酒店也将礼宾部称为行李部,该部门主要负责在酒店门口或机场、车站、码头迎送宾客;调度门前车辆,维持门前秩序;代客卸送行李,陪客进房,介绍客房设备与服务,并为客人提供行李寄存和托运服务;分送客人邮件、报纸、转送留言、物品;代办客人委托的各项事宜等。礼宾部的工种有门童、行李员、机场代表等。图 1-6 所示为酒店礼宾部。

图 1-6 酒店礼宾部

（二）总台（Main Station）

总台一般包括预订处、接待处、收银处和问讯处等。该部门主要处理各种渠道的客房预订；负责办理客人的入住手续；负责酒店客人所有消费的收款业务；负责宾客关于酒店设施项目等内容的咨询。图 1-7 所示为酒店总台。

图 1-7　酒店总台

（三）总机（General Switch Board）

总机负责接转酒店内外电话，回答客人的电话咨询；提供电话找人、留言服务、叫醒服务；播放背景音乐；充当酒店出现紧急情况时的指挥中心。图 1-8 所示为酒店总机。

（四）商务中心（Business Centre）

商务中心提供信息及秘书服务，如收发传真、复印、打字及电脑文字处理、翻译、小型会议室出租、代办邮件、快递、各类交通票务等。图 1-9 所示为酒店商务中心。

图 1-8 酒店总机

图 1-9 酒店商务中心

任务三　前厅部员工素养

任务引入

经理说前厅部是酒店形象的代表,前厅部的员工身处为客人服务的第一线,自身的知识素养和仪容仪表丝毫不能马虎。Susan顿时紧张起来,对照经理罗列的职业素养和仪容仪表要求开始认真评估。她得出结论,自己还需要深入钻研,力争成为优秀的前厅部员工。

理论知识

前厅部员工代表整个酒店接待客人,给客人的感觉应该是愉悦和美好的。前厅部员工应该是内外兼修,"内"指的是知识涵养、业务技能和应变能力,"外"指的是仪容仪表、气质和风度。

一、前厅部员工的职业素养

(一) 健康的心理

前厅部员工应能以"强健"和"豁达"的心态处世;与他人相处,能遵循"平等"和"双赢"的原则;能自觉地进行"自我沟通"和"自我整合",避免"自我疏远"和"自我挫败";能正确看待服务与被服务的关系,以不卑不亢而又礼貌热情的态度接待每一位宾客。

(二) 丰富的学识

前厅部员工必须懂得社会学、旅游心理学、民俗学、销售学、管理学、法学等知识,以接待具有不同职业、身份文化背景、风俗习惯和社会阶层的客人,提供个性化的优质服务。

(三) 娴熟的业务技能

前厅部员工应具备娴熟的业务技能,在服务过程中应讲究效率,讲究时效。如接待员应在3分钟内为客人办理完入住手续;问讯员提供访客查询服务不超过3分钟;邮件分送不超过 30 分钟;话务员转接电话遇有占线或无人接听时,及时向客人解释,请客人等候,时间每次不超过 45 秒等。

（四）灵活机智的应变能力

前厅部员工应机智灵活,善于应对前厅部的复杂工作,时刻与客人打交道,应机敏地处理日常所面临的复杂事务,发挥好前厅部"神经中枢"的作用。

二、前厅部员工的仪容仪表要求

前厅部员工在进入岗位开展对客服务前应自查仪容仪表,领班或主管再次检查确认,确保符合标准,具体要求如表 1-1 所示。

表 1-1　前厅部员工的仪容仪表要求

序号	项目	要求
1	头发	干净、整齐,着色自然,发型美观大方,不得有异味和头皮屑
2	面部	男生不留胡须及长鬓角,女生淡妆
3	手部及指甲	干净、不涂有色指甲油,指甲修剪整齐
4	服装	整齐干净,无破损,无丢扣
5	鞋子	符合岗位要求的黑色皮鞋,干净、擦拭光亮,无破损
6	袜	男深色、女浅色,干净,无褶皱,无破损
7	饰品	除婚戒和手表以外不可佩戴饰物
8	总体印象	举止大方、自然、优雅,注重礼节礼貌,面带微笑

任务四　前厅部实训知识储备

任务引入

经过一周的培训,Susan 参加了上岗考试,内容包括理论知识（酒店概况、职业素养、礼貌礼节、规章制度、工作环境、生活设施、薪资待遇、人事纪律）和实操考核。实操考核主要考查岗位技能,如客房预订、办理入住等。让我们一起来看看 Susan 要通过考核应该储备哪些实操知识吧。

理论知识

一、客房的种类

客房的种类可以按照多种方法划分,如按房间配备床的种类和数量划分、按经济等级划分、按房间所处位置划分等。目前客房的种类已呈多样化趋势,以满足客人不同的消费需求。

(一) 单人间(Single Room)

单人间又称单人房,房内放置一张单人床、双人床或沙发床。由于单人房比较舒适,客房的隐秘性较强,不受外界干扰,房价低于标准双人客房,比较适合从事商务旅游的单身客人使用。

(二) 大床间(Double Room)

大床间放置一张双人床,一般适合夫妻或商务客人使用;新婚夫妇使用时,称"蜜月客房"。图 1-10 所示为酒店大床间。

图 1-10　酒店大床间

(三) 标准间 (Twin Room)

标准间又叫双床间，配备两张单人床。这类客房在酒店中所占比例最大，较受团体、会议客人的欢迎。也有在双床间配置两张双人床的，以显示较高的客房规格。图1-11所示为酒店标准间。

图1-11　酒店标准间

(四) 三人间 (Triple Room)

三人间一般是房内放置三张单人床，供三位宾客同时入住，属经济房间。目前在高档酒店中此类房间极少，多以在双人间加一张折叠床的方式以满足三人同住一间客房的要求。

(五) 套间 (Suite Room)

套间通常由两间或两间以上的房间组成，按照不同的使用功能及室内装饰、配备用品标准等又可细分为以下几种。图1-12所示为酒店套间。

1. 普通套间 (Junior Room)

普通套间又称标准套间、双套间或家庭套间，这种套间格局比较经典，一般由连通的两个房间组成，一间布置为起居室(Living Room)，另一间布置成卧室(Bed Room)，放置一张大床或两张单人床，由于它既可住宿，又有会客场所，适合全家人外出度假时入住或一般经商人员居住。

图 1-12　酒店套间

2. 豪华套间

豪华套间又称高级套间,通常由卧室、会客室、卫生间、小厨房、餐室、书房等组成,豪华套间的特点在于注重客房的装饰艺术与布置氛围,用品配备档次高,功能完善、齐全,房间的装饰布置和设备用品华丽高雅,卧室一般配置大号双人床或特大号双人床,在酒店中该类房间价格昂贵,数量不多,它代表酒店已具备豪华的级别,一般适合有一定经济实力的消费者或和知名人士居住。图 1-13 所示为酒店豪华套间。

图 1-13　酒店豪华套间

3. 立体套间

立体套间是一种两层楼套房,房间设计布置特点为起居室在下,卧室在上,设有小楼梯相连接,亦称"复式客房"。

4. 总统套间

这种套间装饰布置极其讲究、华丽,房间内摆设豪华家居、古董、陈列工艺品等,一般由七至八间以上的房间组成,包括总统卧室、总统夫人卧室、书房、起居室、会议室、餐厅、书房、随员室、厨房等,通常四星级酒店及以上才设置这种套间。由于总统套间造价昂贵,房价高,而且总统居住的机会也很少,所以该类房间的出租率低,它是衡量酒店级别的标志。当然,有能力承受总统套间开支的客人,同样可以享受总统礼遇。

二、客房预订的方式和种类

客房预订是指客人在抵达酒店前预先通过各种渠道预订客房,预先要求酒店为其保留客房。

客房预订的渠道多种多样,主要有以下几种。
(1)到店预订:主要指客人在酒店前台预订客房。
(2)协议预订:客人通过与酒店签订商务合同的单位预订。
(3)网络预订:客人在酒店官网或第三方应用平台预订客房。
(4)旅行社代订:旅行社代客人预订客房。

(一)客房预订的方式

客人采用何种方式进行预订,都受其预订的紧急程度和客人设备条件的制约。因此,客房预订的方式多种多样,各有其不同的特点。

1. 电话预订

客人或其委托人使用电话进行预订。该方式较为普遍,其特点是迅速简便,便于客人与预订员之间的直接沟通,客人能根据酒店客房的实际情况,及时调整其预订要求,订到满意的客房。电话订房有利于预订员详细了解客人对房间种类、用房数量、房价、付款方式、抵离店时间及特殊服务等要求,并适时进行电话促销。

2. 网络预订

随着网络越来越普及,许多客人采用互联网这种方便、快捷、先进、廉价的方式进行客房预订。酒店每天利用客房预订网络系统,搜寻预订信息,详细记录客人预订客房的种类、人数、姓名、性别、何时到达、何时离店、联系方式等信息,按照客人的要求查看是否能给予满足。如有符合客人要求的房间,则做好相应的记录;如不能满足客人的订房要求,应尽快与客人取得联系,与其沟通协调,做好相关服务;如果预订时间与客人抵店时间相隔较远,一般在客人抵店前十天,给客人发确认预订的信函。

3. 面谈预订

客人或其委托人直接来到酒店,与预订员面对面地洽谈预订事宜。其特点是让预订员有机会更详尽地了解客人的需求,并可当面回答客人提出的任何问题,同时还能视客人的神态、表情等有针对性地采取相应的促销技巧。

4. 传真预订

传真预订的特点是传递迅速,即发即收,内容详尽,可传递客人的签名、印鉴等。此方式可将客人的预订资料原封不动地保存,不易出现预订纠纷。

5. 信函预订

信函预订是客人或其委托人在离预订抵店日期尚有较长时间的情况下,采取的一种传统而正式的预订方式。此方式较正规,如同一份合约,对客人和酒店都起到一定的约束作用。

（二）客房预订的种类

1. 临时性预订

临时性预订是客人在即将抵达酒店前很短的时间内或在到达的当天联系订房。时间短而无法以确认书的形式向客人承诺预留客房，可采取口头确认对客服务。口头确认最主要的是向客人强调"取消订房的时限"，即晚上 6 点未到达，该预订将被取消。当天临时性订房通常由总台接待处受理，因为接待处比其他部门更了解酒店当天客户的入住情况。

2. 确认性预订

确认性预订通常指以书面形式确认过的预订。当客人的订房要求与实际入住时间相差较长时，通常要发确认函，进行书面确认。对于确认性预订，酒店依然须事先声明为客人保留客房至某一具体时间，过了规定时间，客人如未抵店，也未与酒店联系，则酒店有权将客房让给其他客人。

3. 保证性预订

保证性预订指客人保证前来住宿，否则将承担经济责任，而酒店在任何情况下都应保证此类预订。酒店将为客人保留客房至次日的 12:00。一般只有在旅游旺季或客房供不应求时客人才愿意采用该类预订。

三、房价的种类

（一）标准价

标准价又称挂牌价，是酒店管理部门依据经营成本、盈利需要、竞争等因素制定的各种类型客房的基本价格，在酒店价目表上明码标注，未含任何服务费或折扣等因素。

（二）团队价

团队价是针对旅行社、航空公司等团队住店客人或折扣等因素的房价。

（三）小包价

小包价是酒店为客人提供的组合报价，其中包括房费及其他服务项目的费用。

（四）折扣价

折扣价通常是为常客、长住客及有特殊身份的客人提供的优惠房价。

（五）商务合同价

酒店与有关公司或机构签订合同，以优惠价格出租客房，以求双方能够长期合作。

（六）免费

酒店由于种种原因，有时需要对某些特殊身份的客人免收住店房费，但应该注意免收房费按规定要求，一般只有酒店总经理才有权批准。

（七）白天租用价

客人白天租用客房，酒店一般按照半天房费收取，有些酒店也按小时收取。一般对凌晨抵店的客人、结账超过了规定时间、入住与离店发生在同一天时酒店会收取白天租用价。

四、客房报价方式

对客报价是酒店为扩大自身产品的销售，运用口头描述技艺，引起宾客的购买欲望，借以扩大销售的一种销售方法。其中包含推销技巧、语言艺术、职业品德等内容，在实际推销工作中，非常讲究报价的针对性，只有适时采取不同的报价方法，才能达到销售的最佳效果。掌握报价方法，是做好销售工作的一项基本功，以下是酒店常见的几种报价方法。

（一）高低趋向报价

高低趋向报价是针对讲究身份、地位的宾客设计的，以期最大限度地提高客房的利润率。这种报价法首先向宾客报出酒店的最高价，让宾客了解酒店所提供房间最高房价以及与其相配的环境和设施，在宾客对此不感兴趣时再转向销售较低价格的客房。接待员要善于运用语言技巧说服宾客，高价伴随的是高级享受，促使宾客作出购买决策，当然，报价应相对合理，不宜过高。

（二）低高趋向报价

低高趋向报价可以吸引那些对房间价格做过比较的宾客，能够为宾客带来广阔的客源市场，有利于发挥酒店的竞争优势。

（三）交叉排列报价法

交叉排列报价法是将酒店所有现行价格按一定顺序提供给宾客，即先报最低价格，再报最高价格，最后报中间价格，让宾客有选择适中价格的机会。这样，酒店既坚持了明码标价，又维护了商业道德，既方便了宾客在整个房价体系中自由选择，又增加了酒店出租高价客房的机会，从而获得更多收益。

（四）选择性报价法

采用选择性报价法要求前台接待员善于辨别宾客的支付能力，能客观地按照宾客的兴趣和需要，选择提供适当的房价，一般报价不超过两种，以体现报价的准确性，避免选择报价时犹豫不决。

（五）利益引导法

利益引导法又称由低及高法，是一种对已预订已到的宾客，采取给予一定附加利益的方法，使他们放弃原先预订客房，转向购买高一档次价格的客房。例如"您只需要再多付20元，就可享受包价优惠，除房费外，还包括免费早餐和午餐"。这时宾客常会被眼前利益吸引而选择接受接待员的建议，其结果是酒店增加了营业收入，宾客同时也享受到了更多的实惠。

（六）高码讨价法

高码讨价法是指在客房销售中向宾客推荐适合其地位的最高价格客房。根据消费心理学，宾客常常接受接待员首先推荐的房间。如果宾客不接受，再推荐价格低一档次的客房，并介绍其优点。这样由高到低，逐层介绍，直到宾客做出满意选择。它适合于向未经预订直接抵店的宾客推销客房，从而最大限度地提高高价客房的销售量和客房整体经济效益。

五、排房的技巧及分房顺序

酒店排房工作非常重要，经常由客房部协助前厅部完成此项工作。由客房部提供客房的房型、楼层、朝向、设备等情况，前厅部根据宾客住宿的实际需求，考虑到宾客心理特点及酒店可供出租客房的实际情况（位置、档次、价格、朝向等），尽可能将适合客房需要的客房分配给客人。

（一）客房排房的技巧

1. 针对性原则

根据客人的身份、地位等特点进行有针对性的排房。

（1）贵客（VIP）：一般安排较好的或者豪华的客房，要求有较好的安全保卫、设备保养、环境等。

（2）同一团队客人：尽可能安排在同一楼层、同一标准的客房，并且尽量是双人房，有利于导游（领队、会务组织人员）的联络及酒店管理。

（3）同一团队的领队或会务组人员：尽可能安排在与团队客在同一楼层的出口处的客房。

（4）新婚夫妇：应安排较安静的带大床的房间。

（5）对老年人、伤残人或行动不便者：可安排在较低楼层靠近服务台或电梯口的房间，以方便服务员的照顾。

（6）家人或亲朋好友一起住店的客人：一般安排在楼层侧翼的连通房或相邻房。

2. 特殊性原则

特殊性原则即要根据客人的生活习惯、宗教信仰以及民俗的不同来排房。最好是将这些客人的房间拉开距离或分楼层安排。

3. 因地制宜原则

因地制宜原则即根据酒店经营管理和服务的需要来安排客房。

（1）长住客：尽可能集中在一个楼层，且在较低楼层。

（2）无行李且有不轨嫌疑的客人：尽可能安排在靠近楼层服务台的房间。

（3）在淡季，从经营管理和保持市场形象的角度出发，可集中安排朝向街道的房间。

（4）在淡季，可封闭一些楼层，而集中使用几个楼层的房间，可从低层至高层的顺序排房，以节约能耗、劳力，便于集中维护、保养一些客房。

（二）客房分房顺序

前厅部前台接待员应根据旅游淡旺季的特殊性来分房。旅游旺季，由于宾客多，房源紧张，对不同宾客的住房要求要采取不同的分房策略。如贵宾和一般散客，应优先满足贵宾的需要；对于预订和未预订的客人，要优先满足有预订的客人；对于常客和新宾客，则要优先满足常客的需要；对难以满足的客人，酒店要以诚相待，不要因旺季生意好而冷淡客人。一般分房的顺序如下。

（1）贵宾。

（2）有特殊要求的客人。

（3）团队客人。

（4）有订房的散客。

（5）未经订房而直接抵店的散客。

在现代化的酒店里，排房工作经常由电脑来进行。其程序为：先由接待员将需要的房间类型及住宿期敲进电脑，屏幕上就自动出现若干个符合要求的房号，然后，接待员凭着对客房情况的了解和客人的需要进行选择。

项目小结

本项目主要阐述了前厅部的基础知识，如前厅的地位与环境布局，前厅部的岗位组织结构和各部门职责，前厅部员工的素养要求和仪容仪表，前厅实训必须掌握的理论知识，如客房的种类，客房预订的渠道、方式和种类，房价的种类，客房销售的报价方式等。本项目知识繁杂，理论性强，对以后的实训有提纲挈领的作用。

项目训练

一、知识训练

1. 前厅部在酒店中占有什么样的地位？
2. 描述大型酒店前厅部的组织结构。
3. 前厅部总台的主要职责是什么？

4. 前厅部的员工应具备什么职业素养?
5. 前厅部对员工的仪容仪表有哪些要求?
6. 阐述客房的种类和一般设备要求。
7. 客房预订的方式有哪些?
8. 阐述房价的种类。
9. 前厅部在排房时有什么技巧?
10. 阐述客房分房的顺序。

二、实训操作

1. 模拟描画酒店前厅简图,熟悉酒店前厅布局。
2. 按照客人进入酒店的行进动线分小组介绍前厅,组员交替模拟客人和前厅服务员。
3. 组长按照"前厅部员工仪容仪表实训考核表(见表1-2)"检查小组成员仪容仪表并打分,按得分整改。

表1-2 前厅部员工仪容仪表实训考核表

序号	项目	要求	分值	得分
1	头发	干净、整齐、着色自然、发型美观、大方,不得有异味和头皮屑	10	
2	面部	男生不留胡须及长鬓角,女生淡妆	15	
3	手部及指甲	干净、不涂有色指甲油,指甲修剪整齐	10	
4	服装	整齐干净,无破损、无丢扣	15	
5	鞋子	符合岗位要求的黑色皮鞋,干净,擦拭光亮,无破损	10	
6	袜	男深色、女浅色,干净,无褶皱、无破损	10	
7	饰品	除婚戒和手表以外不可佩戴饰物	10	
8	总体印象	举止大方、自然、优雅,注重礼节礼貌,面带微笑	20	

三、案例分析

一个周五的下午,酒店前台迎来了客人入住的高峰期。前台服务员小王接待了一名年轻女士。女士问小王还有没有房间,得到肯定答复后,女士问起了单间的价格,还特别强调要安静的房间。小王查看订房表后回答道:"女士您好,我们现在可出售的单间还有普通单间和行政楼层的单间各一间。普通单间楼层低,面临街道,300元一间;行政楼层单间楼层高,面向花园,450元一间。根据您的要求,我们建议您选择行政楼层的单间,安静无打扰,赠送您欢迎果篮,希望您入住愉快。"该女士愉快地选择了行政单间,很快办理了入住手续。

【案例评析】

前台服务员应掌握多种报价方法,因势利导,灵活运用,认真分析客人的需求,给客人选择空间的同时要弱化价格敏感,重点强调房间的优势,这样既让客人满意又增加了酒店收入。

项目二
散客服务实训

项目目标

职业知识目标：
1. 掌握散客到店临时预订服务程序。
2. 熟悉散客礼宾迎送服务程序及礼仪。
3. 掌握散客总台入住登记程序及注意事项。
4. 掌握散客离店服务程序及礼仪。

职业能力目标：
1. 能熟练为散客提供临时预订服务。
2. 掌握礼宾迎接礼仪，能正确完成迎送宾客服务。
3. 能熟练为散客提供总台入住登记和离店结账服务。

职业素养目标：
1. 热爱酒店前厅工作，培养职业荣誉感。
2. 培养为客人服务的职业态度。
3. 培养善于思考、灵活应变的能力。

知识框架

项目导入

暑假到了,王先生一家计划从北京到成都旅游,出发前王先生预订了千禧大酒店,今天王先生一家即将抵达酒店,酒店前厅部礼宾员和总台服务员为旅客的到来做好了准备。

任务一 散客到店预订服务

任务引入

张女士的女儿本周末结婚,张女士邀请了远在广州的亲戚前来观礼。为了给前来观礼的宾客一个好的住宿环境,并且给前来的老人和小孩选择安静方便的房间,张女士亲自来到酒店,为宾客预订房间。实习生 Susan 接待了张女士,耐心地为张女士推荐房间并办理预订。

在张女士预订房间的过程中,实习生 Susan 应了解张女士对房间的要求,根据张女士的需求为其提供合适的房间,并且选择房间时,因为入住的人都是认识的,所以可以为他们安排同一楼层挨得近的房间,让我们一起来帮助实习生 Susan 完成预订吧。

理论知识

一、散客到店预订流程

散客到店预订流程具体如表 2-1 所示。图 2-1 所示为散客到店预订。

表 2-1　散客到店预订流程

序　号	要　点	语言及说明
1	热情主动迎宾	1. 问候客人 例："先生/女士,您好。" 2. 提供热情的帮助 例："请问有什么我能帮您的吗?"
2	聆听并记录客人订房要求	记录客人需要预订的日期、客房类型、数量、入住天数等 例："请问您需要预订哪一天的房间,住几晚呢?"
3	询问客人姓名并查看有无房间可预订	1. 知道客人姓名后,注意之后都尊称客人"×先生/×女士" 2. 对于无法选定房型的客人,可以多与客人沟通,根据客人的要求为客人进行推荐 3. 如无此类型房可预订,则为客人推荐其他房型。介绍其特点,说明其价格。注意前面理论部分学到的推销技巧 例："王先生,我们为您推荐豪华双人间,位置安静还能看见海景,价格 580 元含早餐,很适合您和您太太,您看可以吗?" 4. 注意察言观色,根据客人的反应及时应变
4	确认预订	1. 提供身份信息,为客人进行预订,确认入住的时间、房型、天数、价格、付款方式等 2. 如客人是代为预订,则询问入住客人信息(如姓名、联系方式)
5	询问有无其他要求	如有特殊要求进行记录(如需要安静房间、提供接机服务等)
6	说明房间保留时间	1. 告知客人酒店惯例,说明房间保留时间 2. 询问客人入住时间,如较晚可以做保证性预订 3. 告知如计划有变,请及时通知
7	复述并核对预订表上的信息,完成预订	例："张先生,您为李四预订了 6 月 8 日入住的标准间,住 2 晚,6 月 10 日离店,每晚房间 480 元,房间将为您保留到 6 月 8 日 18:00,您的联系电话是 138……,对吗?"
8	道谢、道别	例："谢谢您的预订,期待您的光临。再见!"

图 2-1　散客到店预订

二、注意事项

(1) 询问预订信息环节顺序不固定,可根据现场实际情况进行调整,注意询问完整预订信息即可。

(2) 当客人对房型的选择犹豫不定时,注意使用推销技巧,耐心为客人推荐。

(3) 注意礼貌用语。

实践操作

张女士走进千禧大酒店,为 7 月 5 日来成都的王五预订一间大床房,住 2 天。前台员工 Amy 接待了她。请帮助 Amy 完成预订。

一、实训目的

掌握散客到店预订流程。

二、实训要求

1. 基础训练:按照两人一组,分别模拟客人和预订员进行散客到店预订操作。
2. 应变训练:模拟客人的学生可在预订过程中提出各种合理要求,预订员进行应变训练。

三、模拟范例

Amy:"女士您好,请问有什么可以帮您的吗?"
张:"我想为我的朋友订一间房。"
Amy:"好的女士,请问您贵姓?"
张:"我姓张。"
Amy:"张女士,请问您需要什么样的房间呢?"
张:"我需要一个标准间。"
Amy:"请问您的朋友什么时候入住,住几晚呢?"
张:"7月5日入住,住2晚。"
Amy:"好的,张女士,7月5日入住,标准间一间,住2晚,7月7日离店是吧?"
张:"是的。"
Amy:"好的,张女士请稍等,马上帮您查看一下有没有房间可以预订。"
查看预订系统之后。
Amy:"张女士,这边帮您查到可以预订,标准间是480元一晚,您看可以吗?"
张:"可以。"
Amy:"张女士,麻烦您提供入住人的姓名。"
张:"王五。"
Amy:"好的,张女士,麻烦您留一个联系方式。"
张:"138××××××××。"
Amy:"张女士,请问还有什么特殊要求吗?"
张:"没有。"
Amy:"张女士,我们的房间为您保留到7月5日18:00,您看有问题吗?"
张:"没问题。"
Amy:"张女士,这边再核对一下您的预订信息。您为王五先生预订了7月5日入住,住2晚,7月7日离店的标准间,房价是480元每晚,联系方式是138××××××××,对吗?"
张:"是的。"
Amy:"好的,张女士。预订已经完成,感谢您选择我们酒店,谢谢!"

四、实训考核表

实训考核表如表2-2所示。

表2-2 实训考核表

实训内容	序号	考核要求	分值	得分
散客到店预订	1	热情主动迎客	5	
	2	聆听客人订房要求	10	
	3	询问客人姓名	5	
	4	询问并全面记录客人预订要求（入住时间、房型、房价、数量、离店时间等）	25	
	5	确认预订,记录入住人及预订人信息（姓名及联系方式）	10	
	6	询问有无特殊要求	10	
	7	确定房间保留时间	10	
	8	清楚复述预订信息	10	
	9	道谢、道别	5	
	10	仪容仪表及礼节	10	

拓展提升

客房预订是客人在抵店前与酒店预订部门所达成的约定。传统形式上,客人可通过电话、信函、到店预订等方式进行预订。随着互联网技术的日新月异,各种现代化的预订方式层出不穷,客人通过网络,可以清楚地了解酒店位置、房间状况、房间价格等信息,帮助客人选择合适的酒店与合适的房间。常见的互联网预订方式有如下几种。

1. 酒店官网预订

酒店官网预订指登录酒店或连锁酒店集团的官方网站进行预订。如洲际酒店集团、华住酒店集团、如家酒店集团等。通常酒店集团会进行会员制,根据不同的会员等级享受不同的优惠礼遇,可培养酒店客人的忠诚度。但客人只能预订该酒店集团旗下的酒店。图2-2所示为酒店官网预订界面。

2. 中间商网站预订

中间商网站预订指利用含有预订业务的旅游中间商电子商务网站来进行预订,如携程网、同程网、艺龙网、去哪儿网等中间商网站。酒店出让房间给中间商做预订销售,也是增加

图 2-2　酒店官网预订界面

酒店房间销售数量和知名度的方式,但是中间商销售酒店房间,酒店需要支付一定比例的佣金给中间商,会增加销售成本。图 2-3 所示为中间商网站预订界面。

图 2-3　中间商网站预订界面

3. 团购网站预订

团购网站预订指利用综合性的团购网站来预订住宿类产品,如淘宝旗下飞猪、美团、大众点评、糯米等。其预订价格整体会更便宜一些,但可团购的酒店数量无法和中间商相比,一般需要选择时就支付费用。图 2-4 所示为团购网站预订界面。

图 2-4 团购网站预订界面

4. 移动端预订

移动端预订指客人通过手机端 App 酒店官方应用软件或酒店微信公众号进行客房预订。可根据客人的定位，为客人显示周边可预订的酒店。实际上大多数中间商和团购网站都有移动端 App 可供客人进行移动端手机预订。图 2-5 所示为手机公众号预订界面。

图 2-5 手机公众号预订界面

任务二 散客礼宾迎接服务

任务引入

A公司派遣王女士到成都开会,需要携带公司资料前往。今天,王女士提着两个行李箱,乘坐飞机抵达成都,此刻王女士正坐车前往千禧酒店准备入住。礼宾员Jack今日值班,已在门口恭候王女士的到来。

理论知识

一、散客门厅迎接服务流程

散客门厅迎接服务流程具体如表2-3所示。图2-6所示为礼宾拉门迎客服务。

表2-3 散客门厅迎接服务流程

序号	要点	语言及说明
1	指引车辆	将宾客车辆指引到适当的地方,以免酒店门口拥堵
2	提供护顶服务	1. 左手开车门成70°左右,右手挡住车门上沿防止客人头部碰撞车门上沿 2. 协助宾客下车,如有行动不便的客人应及时提供帮助 3. 提醒客人注意清点物品,以免遗落在车上
3	微笑迎客	面带微笑,使用敬语欢迎宾客 如果客人是走路前往酒店则从拉门开始服务 语言:"您好,欢迎光临××酒店。"
4	协助卸下行李	协助客人或司机卸下行李 提醒客人清点并检查行李
5	拉门示意	为客人拉开酒店大门,指引客人进入酒店大堂

续表

序 号	要 点	语言及说明
6	引领客人	走在客人前方约 1 米处,随时侧身照顾客人 引领客人到总台办理入住登记 把客人介绍给总台服务员办理入住登记

图 2-6 礼宾拉门迎客服务

二、散客礼宾行李服务流程

散客礼宾行李服务流程如表 2-4 所示。图 2-7 所示为礼宾等候客人。

表 2-4 散客礼宾行李服务流程

序 号	要 点	语言及说明
1	帮卸行李	帮助客人卸下行李,并请客人清点过目 检查行李,如行李有破损等情况及时告知客人确认
2	提拿行李	进入酒店大堂过程中,帮助客人提拿行李 小件行李手提,大件行李使用行李车 如遇贵重易碎物品客人需要提供帮助提拿,应小心轻拿轻放,防止破损

续表

序号	要点	语言及说明
3	引领客人到总台	走在客人的左前方,引领客人到总台办理入住手续
4	等候客人	站在客人身后,看守行李并等待客人办理入住手续
5	引领客人到客房	接过客人的房卡,查看房号,引领客人进入房间 主动为客人按电梯,注意客人先进先出
6	行李入房	到达门口,按照客房敲门开门程序,为客人打开房门 将行李放置房间行李架,简单介绍房间设施设备
7	礼貌道别	礼貌向客人道别 语言:"感谢您入住××酒店,祝您住店愉快。"

图 2-7　礼宾等候客人

三、注意事项

在实际操作中,有的酒店分了门厅迎宾员和行李员,各司其职。有的酒店迎接客人、护顶、为客人卸行李、提拿行李、引领都是由行李员完成的。

如果没有分迎宾员,则行李员应先迎接客人下车,再为客人提拿行李。图 2-8 所示为引领客人进电梯。

图 2-8　引领客人进电梯

实践操作

张女士乘车已来到酒店大门，门厅迎宾员上前指引车辆，行李员正推着行李车前来为张女士卸装行李。

一、实训目的

掌握散客到店礼宾迎接流程。

二、实训要求

1. 基础训练：三人一组，模拟客人、迎宾员和行李员进行散客到店迎接服务操作。
2. 应变训练：模拟客人的学生可在预订过程中提出各种合理要求，行李员进行应变训练。

三、模拟范例

迎宾员将车辆指引到合适位置后,开车门为客人做护顶服务。

迎宾员:"您好,欢迎光临千禧酒店。下车请注意安全,请您别忘了随身物品。"

与此同时,行李员上前从后备厢处为客人卸下行李。

行李员:"女士您好,有2个行李箱对吗?"

张女士:"是的。"

行李员检查完行李箱之后,迎宾员指引客人走向酒店大厅门口,为客人提供拉门服务。

迎宾员走在客人左前方约1米处,礼宾员提拿行李跟随在客人身后。

迎宾员:"女士,请跟我走。"并随时侧身关注客人。

走到前台,迎宾员将客人介绍给前台服务员。

迎宾员:"女士您好,这是我们的前台接待员Susan,她将为您办理入住手续。"

客人办理入住手续,迎宾员返回门口等候迎接下一位客人,行李员站在客人身后为客人看管行李,等候客人。

客人办完入住手续,行李员了解了客人姓名,接过客人房卡。

行李员:"张女士,您的房间是1208号,电梯在那边,请跟我走。"

引领途中,走在客人前方约1米处,随时侧身关注客人。

为客人按住电梯,请客人先进先出电梯。如等候时间较长,可与客人寒暄,简单介绍酒店或周边环境。

到达房门口,行李员将行李放下,敲门。

行李员:"您好,行李员。"

三次无人应答后,开门,插电,请客人进入房间。

行李员:"张女士,这是您的房间,请进。"

行李员跟随进入房间,将行李放行李架或指定位置,根据客人需要为客人介绍有关房间情况。

行李员:"张女士,房间朝南,不临路,非常安静。迷你酒吧在柜子下面,为您配备了酒水饮料,早餐厅在酒店三楼。"

张女士:"好的,谢谢!"

行李员:"不客气,祝您入住愉快!"

礼貌退出房间并轻轻关好房门。

四、实训考核表

(一)散客门厅迎接服务评价表

散客门厅迎接服务评价表如表2-5所示。

表 2-5 散客门厅迎接服务评价表

实训内容	序号	考核要求	分值	得分
散客门厅迎接服务	1	引导车辆停放在合适位置	5	
	2	拉车门、护顶	20	
	3	欢迎客人	10	
	4	提醒客人随身物品	10	
	5	协助行李员卸行李	10	
	6	拉门引客	15	
	7	指引客人到前台	15	
	8	介绍客人给前台	10	
	9	道别,返回岗位	5	

(二)散客行李服务评价表

散客行李服务评价表如表 2-6 所示。

表 2-6 散客行李服务评价表

实训内容	序号	考核要求	分值	得分
散客行李服务	1	协助迎宾员欢迎客人,准备好提拿行李	5	
	2	帮助客人卸下行李	5	
	3	确认行李件数、检查有无破损	10	
	4	协助迎宾员指引客人到前台	5	
	5	等候客人、看管行李	10	
	6	查看房号、指引客人走向电梯	10	
	7	引领过程中走在客人前方约 1 米处,随时侧身关注客人	10	
	8	让客人先进先出电梯	10	
	9	按敲门程序敲门	10	
	10	开门,插电卡,请客人先进房间	5	
	11	放置行李	5	
	12	简单介绍房间	10	
	13	出房间,道别	5	

拓展提升

1. 护顶服务注意事项

护顶服务是酒店对客人的一项专门礼遇,防止客人下车时碰伤头部,以示对客人的关爱。但不是所有客人都适用,尤其在宗教信仰上,对信仰佛教和伊斯兰教的信徒不能护顶。可从客人的衣着、举止及经验来判断,如无法判断,则拉开车门,抬手做随时护顶准备。

2. 行李服务注意事项

(1) 如果同一时间入住散客较多,行李员可在住客办完入住手续后,用行李牌在行李上标注客人姓名和房号,请客人先上楼,之后再依次为客人将行李运送至房间。

(2) 如果办完入住手续后,客人不直接到房间或房间还未准备好,则询问客人,行李先行运送至房间还是暂存行李间,如暂存行李间,则写好行李牌,下联交给客人,请客人之后到行李房取。图2-9所示为散客行李寄存牌。

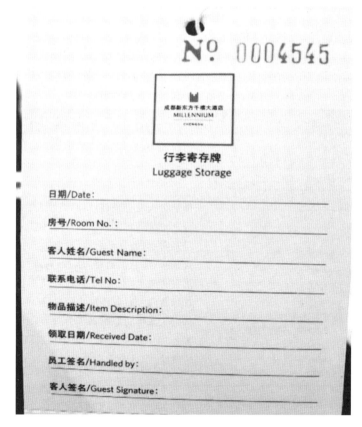

图 2-9　散客行李寄存牌

任务三 散客总台接待服务

任务引入

张女士此刻被迎宾员带领到了总台接待处,接待员Jack接待了张女士。

理论知识

一、无预订散客入住接待流程

无预订散客入住接待流程具体如表2-7所示。图2-10所示为散客入住登记卡。

表2-7 无预订散客入住接待流程

顺序	要点	语言及说明
1	问候客人,弄清客人是否有预订	语言:"女士/先生,下午好/晚上好。请问您有预订吗?"
2	根据客人需求及酒店当时可售房型,为客人安排房间	得知客人没有预订后,询问客人需求 语言:"请问您需要几个房间、住几晚呢?" 得知需求,查看系统后,向客人推销2—3种房型供客人选择,注意推销技巧 语言:"先生/女士,您需要一间房住2晚,我们为您推荐标准间和行政楼层大床房,标准间480元一晚,行政楼层大床房为您配备了办公设备,免费使用传真打印服务,同时可以免费为您干洗衣服,免费进入酒店健身房健身,很适合您出差办事,价格只需要780元一晚。"

续表

顺　序	要　　点	语言及说明
3	请客人出示证件，办理入住登记	1. 请客人出示证件，注意一人一证 2. 看到证件知道客人姓名后，称呼客人"×女士/×先生" 3. 将客人入住信息录入系统，为客人选好房间，打印后请客人确认签字 语言："×女士/×先生，您看看这是您的入住信息，入住时间、房型、价格等没有问题的话麻烦您签字确认。" 4. 将住客身份信息上传至公安系统 5. 登记完成后及时返还客人身份证件
4	询问付款方式，收取房费和押金	语言："×女士/×先生，请问您是付现还是刷卡？" 1. 选择支付方式 （1）付现金则收取足够房费和押金 （2）刷储蓄卡，则刷取足够房费，按酒店要求收取现金押金，便于退房退还 （3）刷信用卡，则刷取足够预授权金额即可 2. 关于押金的收取，有的通过网络预订，信誉良好免押金。一般情况下收取一晚房费左右的价格作为押金 语言："×女士/×先生，房费一晚780元，两晚1560元，付现的话这边连押金收取您1800元。" 2. 支付凭证交给客人，提醒客人妥善保管 语言："这是您的押金收据，请妥善保管，离店结账的时候请把收据带到总台。"
5	制作房卡，交给客人	语言："×女士/×先生，这是您的房卡，房间号是1208，位于酒店12楼。"
6	完成入住登记	1. 温馨提示客人早餐位置和时间、离店当日最后时间限制等信息 2. 与行李员交接住客信息 3. 恭祝客人入住愉快 语言："×女士/×先生，早餐地点位于酒店三楼，早餐时间是7:00—9:00。请您于离店当日12点之前到前台办理退房手续。谢谢您选择我们酒店，祝您入住愉快。"

REGISTRATION CARD 住宿登记卡

姓 FAMILY NAME	名 FIRST NAME	中文姓名 CHINESE NAME	性别 GENDER
国籍 NATIONALITY	生日 DATE OF BIRTH	电话 TELEPHONE	
邮件地址 EMAIL ADDRESS		公司名称 COMPANY NAME	
证件种类 TYPE OF CERTIFICATE	证件号码 ID NO.	签证种类 TYPE OF VISA	签证有效期 VISA VALIDITY
房号 ROOM NO.	抵店日期 ARRIVAL DATE	离店日期 DEPARTURE DATE	离店时间 DEPARTURE TIME
确认号码 CONFIRMATION NO.	客房类型 ROOM TYPE	接待单位 ： 成都新东方千禧大酒店 RECEIVED BY ： Millennium Hotel Chengdu	
房价 ROOM RATE		房价包含10%服务费及6%增值税 Room Rate is include 10% service charge and 6% Tax □含早餐__人BF Inclusive__pax □不含早餐BF Exclusive □早餐另行安排Arrange by others	
变价 RATE CHANGE (房价包含10%服务费及6%增值税Room Rate is include 10% service chargeand 6% Tax)		客人签字(确认价格变化) GUEST SIGNATURE (Confirmed Rate Change)	

付款授权 BILLING AUTHORISATION

本人I ________ (姓名)(NAME) OF ________ (客房号/确认号码/公司名)(ROOM NO./CONFIRMATION NO./COMPANY) ________ (店外客人身份证号码)(ID NO.OF OUTSIDE GUEST)

承诺负责以下客人在成都千禧大酒店入住期间的 ○房费 ○所有费用 ○杂费 ○其它费用

hereby agreed to pay ○room charges only ○all charges ○incidental charges only ○others incurred by following guests during their stay in Grand Millennium Chengdu Hotel

姓名 NAME ________ 房间号ROOM NO. ________ 日期DATE ________ to ________

签名/日期 SIGNATURE/DATE ________

担保方式BILLING AUTHORIZATION ○现金CASH ○信用卡CREDIT CARD 持卡人姓名CREDIT CARD HOLDER NAME ________
○公司结账COMPANY ○旅游社TRAVEL AGENT ○支票CHEQUE ○其它OTHER ________

本人同意酒店将不对任何私人贵重物品负责。
I agree not to hold Grand Millennium Chengdu liable for any loss of cash and / or valuables kept in my room.
本人同意对所有个人账目负责，并在指定的承付人，公司及旅行社暂未结账时，有义务支付所有账目。
I agree that my liability for this bill is not waived and agree to be held personally liable in the event that the indicated person, company or association fails to pay for any or the full amount of these charges.
Charges that are not posted prior to check out are to be settled after departure to the form of payment on file.
如果本人不能亲自到前台结账，在此授权酒店从我入住时所提供的信用卡直接收取上述费用。
I also agree to permit the Hotel to bill my Credit Card in the event that I fail to sign the charge upon check-out.

晚上11点之后，来访客人恕不挽留。抵店时间为下午14：00，退房时间为中午12:00。
VISITORS ARE NOT PERMITTED IN GUEST ROOM AFTER 11:00PM.CHECK IN TIME IS 14:00 HOURS.CHECK OUT TIME IS 12:00 NOON.

遗留物品酒店保存三个月。
Hotel Will Keep Guest Lost Things Three Monthes.

数据保护同意书 DATA PROTECTION CONSENTS
由顾客在预定及住店期间提供的，包括登记卡在内的信息将由酒店及M & C Reservations Services Limited（"MCRSL"，Millennium & Copthorne Hotels plc子公司）根据Millennium & Copthorne Hotels plc（MHR集团）隐私政策处理（副本可应顾客需要提供并可在以下地址在线浏览https://www.millenniumhotels.com/en/utilities/privacy-and-cookie-policy/privacy-and-cookie-policy/），作为根据应适用的数据保护所要求的数据管理。
The information provided by the guest during booking, including on this registration card, and during the guest's stay with us will be handled by the Hotel and M & C Reservations Services Limited ("MCRSL", a subsidiary within the Millennium & Copthorne Hotels plc group of companies) in accordance with the Millennium & Copthorne Hotels plc group's ("MHR Group") Privacy Policy (a copy of which can be provided on request and is available here: (https://www.millenniumhotels.com/en/utilities/privacy-and-cookie-policy/privacy-and-cookie-policy/), each as data controller in accordance with applicable data protection requirements.

来自我们的沟通 Communication from Us
我们有意向您以邮件的形式提供我们及第三方伙伴及关联企业的有关产品及服务的邀约、折扣及推广，除非隐私政策和、或"我的千禧"条款及条件另有规定，这些沟通将来自于MCRSL。
We would like to send you offers, discounts and promotions about our products and services, and those of our third party partners and affiliates, by email. These communications will come from MCRSL unless provided otherwise in our Privacy Policy and/or My Millennium Terms and Conditions.
我乐于接受以下各方提供的相关产品及服务的邀约、折扣及推广：I would like to receive offers, discounts and promotions about products and services offered by:
□ The MHR Group. MHR集团。
□ The MHR Group's third party partners and affiliates. MHR集团的第三方合作伙伴及子公司。
鉴于您之前在预定或登记，或通过"我的千禧"忠诚计划账户及其他方式时，允许MHR集团为您提供推广信息，除非您撤销许可，该许可将持续适用。
Note that if you have previously provided the MHR Group with permission to send you marketing communications through the booking or registration process, your MyMillennium loyalty programme account or otherwise, that permission will continue to apply unless you withdraw permission.
如果您是"我的千禧"会员，您可以通过访问www.millenniumhotels.com网站更改您对优惠信息的偏好设定或停止订阅MHR集团为您提供的推广信息，或在您收到推广信息时选择停止订阅。此外，您亦可发电邮至dataprivacy@millenniumhotels.com通知我们有关您退出的决定。
You can change your marketing preferences or unsubscribe from receiving marketing communications from the MHR Group by visiting the preference centre available at www.millenniumhotels.com (if you are a My Millennium member) or selecting "unsubscribe" in any marketing email. Alternatively, please let us know that you would like to opt-out by emailing dataprivacy@millenniumhotels.com.

本人同意本登记卡上所述的条款和条件。
I agree to the terms and conditions set out on this registration card.

员工签字 Receptionist/GRO Signature ________	经理签字 Manager Signature ________	客人签字 Guest Signature ________
主管签字 Suppervisor Signature ________	PSB录入人 Suppervisor Signature ________	日期 Date ________

中国四川省成都市神仙树南路41号成都新东方千禧大酒店
No.41 South Shenxianshu Road, Chengdu 610041, Sichuan Province, P.R. China
电话Tel: +86 028 8512 7777 传真Fax: +86 028 8512 7799

图 2-10 散客入住登记卡

二、有预订散客入住接待流程

有预订散客入住接待流程具体如表 2-8 所示。图 2-11 所示为制作房卡,交给客人。

表 2-8 有预订散客入住接待流程

顺 序	要 点	语言及说明
1	问候客人,弄清客人是否有预订	语言:"女士/先生,下午好/晚上好。请问您有预订吗?"
2	问清客人姓名,查找并核对预订单	语言:"好的,我能知道您的名字吗?我帮您查一下预订情况。" 注意知道客人姓名后,称呼客人"×女士/×先生"
3	确认订单	语言:"×女士/×先生,您预订的是一间标准间,480 元一晚,住 2 晚对吗?"
4	请客人出示证件,办理入住登记	1. 请客人出示证件,注意一人一证 2. 将客人入住信息录入系统 3. 如果预订信息上已为客人选好房间则查看该房间状态是否可售。如果还没有选好房间,则为客人选好房间,打印后请客人确认签字 语言:"×女士/×先生,您看看这是您的入住信息,入住时间、房型、价格等没有问题的话麻烦您签字确认。" 4. 将住客身份信息上传至公安系统 5. 登记完成后及时返还客人身份证件
5	处理房费和押金	1. 如预订信息是单位协议价,单位结账,则入住登记时不收取房费及押金 2. 如预订信息是单位协议价,但自己支付房费,则按协议价收取相应房费及押金 3. 如果是自己预订,则按未预订散客中讲到的方式收取房费及押金
6	制作房卡,交给客人	语言:"×女士/×先生,这是您的房卡,房间号是 1208,位于酒店 12 楼。"

续表

顺 序	要 点	语言及说明
7	完成入住登记	1. 温馨提示客人早餐位置和时间、离店当日最后时间限制等信息 2. 与行李员交接住客信息 3. 恭祝客人入住愉快 语言:"×女士/×先生,早餐地点位于酒店三楼,早餐时间是 7:00—9:00。请您于离店当日 12 点之前到前台办理退房手续。谢谢您选择我们酒店,祝您入住愉快。"

图 2-11 制作房卡,交给客人

实践操作

张女士在迎宾员的带领下,走到了前台,前台接待员接待了她。

一、实训目的

掌握散客入住接待程序。

二、实训要求

1. 基础训练:按照两人一组,分别模拟客人和总台接待员进行散客入住登记流程操作。
2. 应变训练:两人角色互换,分别进行有预订和无预订散客入住接待,在过程中客人以不同的付款方式进行训练。

三、模拟范例

接待员:"女士您好,请问您有预订吗?"

张女士:"有的。"

接待员:"好的,女士,我能知道您的名字吗?我好帮您查一下预订情况。"

张女士出示身份证,前台接待员查询系统之后。

接待员:"好的,张女士,这边帮您查到您预订了一间大床间,住2晚对吗?"

张女士:"是的。"

接待员:"好的,张女士,请稍等,马上为您办理入住登记。"

输入信息之后,打印入住登记表。

接待员:"张女士,这是您的入住登记表,请您核对,您今天入住一间大床间,住2晚,后天7月18日离店,每晚房费480元。如果没问题的话,麻烦张女士签字确认。"

张女士确认无误,签字确认之后。

接待员:"张女士,两晚房费是1460元,收取您400元押金。请问您是付现金还是刷卡?"

张女士:"我刷储蓄卡。"

接待员:"好的,张女士,这边刷您1460元的房费消费,您支付400元现金作为押金可以吗?"

张女士:"好的。"

收取完房费和押金后。

接待员:"张女士,这是您的身份证、房卡和押金单,请您收好。"

张女士:"好的,谢谢。"

接待员:"张女士,您的房号是1208号,位于酒店12楼。早餐在酒店3楼餐厅,时间是7:00—9:00。您记得在退房当日12:00前到酒店总台办理退房手续。感谢您入住我们酒店,祝您入住愉快。"

四、实训考核表

(一) 无预订散客入住接待评价表

无预订散客入住接待评价表如表 2-9 所示。

表 2-9 无预订散客入住接待评价表

实训内容	序号	考核要求	分值	得分
无预订散客入住接待	1	主动问候客人,询问客人是否有预订	5	
	2	聆听客人对房间的需求,并查询可售房型	10	
	3	为客人推荐房间	15	
	4	请客人出示身份证件,办理入住登记	10	
	5	核对入住登记信息,并请客人签字确认	10	
	6	询问付款方式并收取房费和押金	20	
	7	制作房卡,将制作好的房卡、身份证件、押金条等交给客人	10	
	8	告知客人房号和相关注意事项(早餐、退房时间、保管好押金条等)	15	
	9	祝福及道别	5	

(二) 有预订散客入住接待评价表

有预订散客入住接待评价表如表 2-10 所示。

表 2-10 有预订散客入住接待评价表

实训内容	序号	考核要求	分值	得分
有预订散客入住接待	1	主动问候客人,询问客人是否有预订	5	
	2	问清客人姓名,查询客人预订信息	10	
	3	确认客人预订信息	15	
	4	请客人出示身份证件,办理入住登记	10	
	5	核对入住登记信息,并请客人签字确认	10	
	6	确认付款方式、明确房费和押金的收取	20	
	7	制作房卡,将制作好的房卡、身份证件、押金条等交给客人	10	
	8	告知客人房号和相关注意事项(早餐、退房时间、保管好押金条等)	15	
	9	祝福及道别	5	

拓展提升

1. 关于信用卡付款

（1）客人采用信用卡付款，接待员注意检查信用卡是否完好无损及卡面上的有效期。

（2）信用卡是一种本身没有存款的卡，银行给每位客户的信用卡设置了透支额度，客人可在透支额度内刷卡消费，因房费支出是在退房时结账，酒店为避免到时客人信用卡内剩余额度不够付房费，所以在客人入住时提前冻结客人信用卡内部分额度，保证有额度支付房费，这种方式叫"刷预授权"。

2. 关于客房升级

客房升级指客人预订的房型或者临时散客想住的房型已销售完，酒店为了留住客人，视实际情况，为客人安排可以入住的高一等级房型，如大床间升级到豪华大床间，让客人享受更好的房型，但仍然收取之前房型的费用。

3. 关于退房时间

一般酒店提示客人在离店当日 12:00 前到总台办理退房手续，实际在工作中考虑客人需求，如午饭时间不便拿取行李，酒店通常会默认到离店当日 14:00 前办理，否则会根据情况收取半日或一日房费。

任务四 散客离店服务

任务引入

早上 8 点，千禧酒店的总台正值繁忙的时候，总台接待员 Lisa 依次为前来总台的客人结账并办理退房手续。

理论知识

一、散客总台结账服务流程

散客总台结账服务流程如表 2-11 所示。

表 2-11 散客总台结账服务流程

序号	要点	语言及说明
1	主动迎接客人，表示问候	主动问候，确认客人是否办理退房手续 语言："×先生/×女士，早上好，请问您是办理退房手续吗？"
2	出示房卡，确认房号	语言："×先生/×女士，请问您的房号是多少？"
3	通知客房部查房并查看有无其他消费挂账	1. 立即通知客房部查房，并可询问客人今日有无其他消费 2. 查看系统客人账单，如有挂账可与客人核对 3. 如有多位客人同时退房，按照顺序并关怀客人，安抚客人等待的心情
4	处理查房结果	1. 如查房有消费，则与客人确认并入账 2. 如房间有物品损坏或遗失，立即询问客人，注意方式方法 语言："女士/先生，客房服务员发现少了一条浴巾，您能帮我们回忆一下，放在哪里了吗？"
5	核对账单	打出最后的客人账单，与客人核对 客人核对后在账单上签字 语言："×女士/×先生，请核对您的账单，您一共消费了1180元，两晚房费共960元，其余部分是房间小酒吧的消费。如果没有问题的话，麻烦您签个字。"
6	为客人结账	1. 如有押金，请客人出示押金条，并根据消费多退少补 2. 如是信用卡结账，因入住时刷了预授权，则出示信用卡，刷取总的消费费用
7	道谢、道别	语言："谢谢您光临本酒店，祝您旅途愉快！"

二、散客礼宾送行服务流程

散客礼宾送行服务流程如表 2-12 所示。图 2-12 所示为运送行李，等候客人。

表 2-12　散客礼宾送行服务流程

序号	要　点	语言及说明
1	接听客人需要行李服务的电话	主动问候,确认客人是否办理退房手续 语言:"您好,礼宾部。请问有什么可以帮您的吗?"
2	确认客人需求	1. 问清客人房号及行李数量、收取时间 2. 询问客人是否还需要安排车辆
3	及时到达客人房间	1. 及时到客人房间 2. 按流程敲门并报部门 语言:"您好,行李员。"
4	收取行李	1. 主动帮助客人拿已经整理好的行李 2. 核对行李件数 3. 提醒客人仔细检查,不要遗忘物品 语言:"×女士/×先生,您一共有 2 件行李对吗?请您再检查一下带好了手机等小件物品了吗?"
5	运送行李至大堂	和客人一同到大堂,送别客人时应走在客人身后,可与客人简单交流,询问客人入住感受或旅游安排,仍然请客人先进先出电梯 语言:"×女士/×先生,在我们酒店还住得好吗?"
6	放置行李,等候客人	1. 将行李运送至酒店指定位置,等待客人结账 2. 如客人结账后需要存放行李,则协助客人办理寄存手续
7	送行、道别	1. 如果客人安排了车辆,则将行李运送至车辆,帮助客人将行李放入车内。并且为客人开车门,请宾客上车,礼貌道别 2. 如果客人自行离店,则引导宾客出酒店,礼貌向宾客道别 语言:"×女士/×先生,期待您的再次光临,祝您旅途愉快!"

图 2-12 运送行李,等候客人

实践操作

李先生早上 8 点拖着行李到前台办理结账离店手续,总台接待员 Lisa 接待了他。

一、实训目的

掌握散客离店结账服务流程。

二、实训要求

1. 基础训练:按照两人一组,分别模拟客人和接待员进行散客离店结账服务操作。
2. 应变训练:模拟客人的学生可在预订过程中提出各种不同的结账方式,接待员可想出各种不同的查房结果,进行应变训练。

三、模拟范例

Lisa:"先生,早上好! 您是要办理退房吗?"

李先生:"是的。"
李先生拿出房卡递给Lisa,Lisa查询之后。
Lisa:"请问是1208号房间的李先生对吗?"
李先生:"是的。"
Lisa:"好的,李先生,马上为您安排查房。请您稍等。"
Lisa通知客房部查房的同时,查看李先生的系统账单。
Lisa:"李先生,请问房间有其他消费吗?"
李先生:"没有。"
Lisa:"好的,李先生。您一共入住了2晚,每晚房费480元,对吗?"
李先生:"是的。"
此时,查房结果已经出来,房间一切OK,没有其他消费。
Lisa:"李先生,查房已经完毕,您没有其他消费,两晚房费是960元,您入住时已经刷卡支付,这是您的消费账单,如果没有问题,请您签字确认。"
李先生核对并签字之后。
Lisa:"李先生,您当时交了300元押金,请您出示押金条,我们退您押金。"
李先生出示押金条之后。
Lisa:"李先生,这边退您300元押金,请您收好。"
李先生:"好的,谢谢!"
Lisa:"谢谢您入住我们酒店,祝您旅途愉快,期待您的下次光临。"

四、实训考核表

(一)散客总台结账服务考核表

散客总台结账服务考核表如表2-13所示。

表2-13 散客总台结账服务考核表

实训内容	序号	考核要求	分值	得分
散客总台结账服务	1	热情迎客、问候客人	10	
	2	确认客人房号	10	
	3	通知客房部查房	10	
	4	询问客人有无其他消费	10	
	5	处理查房结果(有消费或物品损坏等处理)	20	
	6	核对账单	10	
	7	为客人结账(押金或信用卡结账的处理)	20	
	8	道谢、道别	10	

（二）散客礼宾送行服务考核表

散客礼宾送行服务考核表如表 2-14 所示。

表 2-14　散客礼宾送行服务考核表

实训内容	序　号	考核要求	分　值	得　分
散客礼宾送行服务	1	接听电话，报告部门	5	
	2	了解客人房号、行李件数、是否用车等信息	15	
	3	敲门进房	10	
	4	收取行李，核对件数	15	
	5	提醒客人小件物品	15	
	6	运送行李到大厅，走在客人身后	10	
	7	途中与客人简单交流，询问入住感受等	10	
	8	指定位置等候客人结账	5	
	9	运送行李至车辆，放好行李	5	
	10	开车门，送客上车	5	
	11	道谢、道别	5	

拓展提升

1. 过了结账时间的退房

如果过了结账时间，一般为当天 12:00，大多数酒店默许为 14:00，如果客人仍未结账，可以主动联系客人，及时沟通。

延时离店一般在 15:00 前，加收一天房费的 1/3，18:00 前结账的，加收一天房费的 1/2，18:00 以后结账的，则可加收一天房费。

2. 查房时发现物品损坏或丢失时

如果查房发现物品损坏，则可尽量用委婉的态度询问客人是否不小心损坏了物品，按照酒店规定进行赔偿；如果是物品丢失，则尽量用帮忙寻找的语气让客人回想，如果发现客人有拿走客房物品的迹象，则可说酒店服务员特别不细心，找不到物品，委婉让客人回到房间帮忙寻找，给客人悄悄放回物品的机会。凡事站在客人立场解决问题，不失客人颜面。

项目小结

本项目知识点主要阐述了前厅部对散客的服务流程，从散客预订到礼宾接待，从入住手续办理到离店手续办理。学习本章知识后，应掌握散客预订、前台手续办理及礼宾迎送服务等知识,从不同前厅岗位进行项目实训,掌握散客到店服务的一系列流程。

一、知识训练

1. 阐述前台入住登记流程。
2. 阐述护顶的基本流程。

二、实训操作

1. 两人一组分礼宾员和客人,进行散客到店礼宾服务,包括护顶服务。互换角色,交替进行。
2. 两人一组,分总台接待员和客人,进行散客总台入住登记服务。
3. 三人一组,分礼宾员、总台接待员、客人,进行散客离店服务流程。互换角色,交替进行。

三、案例分析

案例一 住店客人张先生准备离店,行李员到张先生房间取走两个行李箱,用行李车推到前厅行李间以后绑上行李牌,等待客人前来点收,当客人结好账,行李员准备将行李搬上汽车时,张先生忽然很不高兴地指着一只箱子说:"这只箱子上面的辘辘被磕掉了,我要你们酒店负责。"行李员听了感到很委屈,于是辩解道:"我到客房取行李时,这只箱子原来就是坏的,我在运送时没有碰过。"客人一听就生气了,说:"明明是你们酒店弄坏的,还不承认,我要投诉你。"

【案例评析】

该案例中行李员并没有在取行李的时候及时核对行李情况和行李件数,导致最后两方说法不一。在前厅工作中,行李员在为住客托运行李时需要注意如下几点。

(1) 行李员为顾客托取行李时,应先查看行李是否完好无损,如有破损应当立即告知客人,并且当场绑上行李牌,请客人核对行李件数及行李破损情况。

(2) 在遇到问题时行李员不要和客人直接争辩,容易导致矛盾激化,注意和客人沟通时的礼貌及沟通方式。如无法处理,应当请求上级领导出面。

案例二 周末,B酒店住客特别多,很早就满房了,时间已接近下午6点,还有三个房间的预订客人未到,这时又匆匆走来了几个客人需要住店。看着客人急切地希望住到房间,总台小李很想满足客人住店的希望,于是她没有马上回绝客人,而是让客人在总台大厅稍作等待。客人很耐心地在前台大厅等候,约定时间6点以后已预订了三个房间的客人还未到来,又过了15分钟,小李决定按规定将预订还未到的客人订的房间取消,让在前台等待的客人入住。刚办完入住手续不久,三位预订客人就到店了。小李告诉他们,因为已经超过了入住时间,所以酒店按规定取消了该住客的预订。客人听完之后非常失望,无可奈何。

【案例评析】

案例中酒店预订截止时间已经过了,客人还未前来入住酒店,根据规定可以将房间取消,出售给直接抵店需要入住的客人,其做法虽然是合乎规定的,但是预订的客人没有住到房间也会降低酒店在客人心目当中的满意程度,酒店方应最大限度地满足所有客人的需求。其做法如下。

(1)关于预订房间保留时间的确定,通常是下午6点,如果在预订时客人和酒店事先沟通好具体时间,则按沟通时间为客人保留,如果较晚,客人可做保证性预订,即事先支付房费。如客人有特殊情况超出这个预订时间,应当提前打电话告知酒店做等待。酒店方在房间比较紧张的情况下,也可以提前打电话询问客人的到店时间,确认该客人是否要入住,这样就避免了矛盾。

(2)如果客人到店没有房间可以入住,酒店可以向客人推荐1个其他类型的房间,如果房间全部售完,还可以推荐附近其他的酒店供客人选择。切记为客人提供更多的服务,不要将客人置之不理。

项目三
团队服务实训

项目目标

职业知识目标：
1. 掌握团队抵达前的服务准备程序。
2. 掌握团队礼宾迎接服务及行李服务。
3. 掌握团队总台接待服务流程及注意事项。
4. 掌握团队离店服务程序及送行礼仪。

职业能力目标：
1. 掌握团队抵达前的服务准备。
2. 掌握礼宾迎接服务程序和行李服务，能正确完成团队客人的迎送服务和行李服务。
3. 能熟练为散客提供总台入住登记和离店结账服务。

职业素养目标：
1. 热爱酒店前厅工作，培养职业荣誉感。
2. 培养为客人服务的职业态度。
3. 培养善于思考、灵活应变的能力。

知识框架

项目导入

前厅部接到预订通知,三天后有一个15人的会议团队从广州来到成都,预订了新东方千禧大酒店的7间标准间和1间单间,请前厅部各岗位员工做好接待准备。

任务一 团队抵达前的服务

任务引入

中国国际旅行社上海分社在成都新东方千禧大酒店预订了10间标准间和2间单间,要求基本要在同一楼层,而且要高楼层。22位客人在全陪王媛女士和地陪张枫女生的带领下预订于2019年6月3日18:00抵达酒店,车牌号为川A20XXX,总台接待员Rose接到了预订,她应该提前为客人安排好房间和房卡,并与酒店各个部门沟通,以便更好地为客人提供服务,让我们和接待员Rose一起来完成团队抵达前的准备工作吧。

理论知识

一、团队抵达前的服务流程

团队抵达前的服务流程如表3-1所示。图3-1所示为接受预订,查看房态。

表3-1 团队抵达前的服务流程

序号	要点	语言及说明
1	接到预订	认真询问客人要求,接受预订(一般酒店的大型预订由酒店销售部门完成,个别预订在前厅部完成)

续表

序号	要点	语言及说明
2	根据团队要求查看房态	提前1—2天根据团队订房要求,查看房态,确保团队用房
3	排房、分房	1. 如同时抵店的团队有两个以上,应提前安排重点团队,再排人数较多的团队 2. 分房时同一团队的客人尽量集中安排
4	打印团队用房分配表	打印团队客人用房分配表
5	分送团队用房分配表	将团队用房分配表提前送至礼宾部、客房部、餐饮部等,以便提前做好准备工作和接待工作。如行李服务、叫早服务、客房清扫、团队用餐服务等
6	准备团队客人入住登记表、信封、团队休息区域、团队示意牌	1. 提前准备好团队客人入住登记表 2. 提前准备好团队客人的信封:封面写清团队名称、房号;信封内装好客人房卡 3. 提前在酒店大堂某一区域安排好团队客人的休息区,竖立起醒目的团队名称示意牌
7	等待客人入住	当班接待员应清楚无误地知道每个团队的名字、领队姓名和联系电话、团队抵达时间以及特殊要求等,前厅部经理应提前做好各个部门的沟通工作

二、为团队客人安排客房的技巧

(1) 服务员要掌握正确灵活的排房技巧,根据酒店的服务、经营管理和客人的要求来安排房间,在满足宾客需求的基础上合理利用好客房。

(2) 对于同一团队的客人应尽量安排在同一楼层或相邻楼层的相邻房间。这样不仅便于同团客人的联系,也为下一个团队客人的入住做好准备。

(3) 对于团队客人中的领队、全陪、地陪、司机、会务组负责人等,尽量安排在同一楼层电梯、楼梯附近的房间。

(4) 房号分配应适当考虑国家和地区风俗禁忌的数字:如欧美客人尽量不分到含"13"的房号;日本客人尽量不分到含"4""13""9"的房号。

图 3-1 接受预订,查看房态

实践操作

前厅部接到了来自上海的 22 位团队客人的预订,让我们和接待员 Rose 一起来完成准备工作吧。

一、实训目的

掌握团队抵达前的预订工作和准备工作。

二、实训要求

1. 基础训练:学生轮流模拟学习,角色扮演接待员进行团队抵达前的准备工作。
2. 应变训练:模拟接待员的学生要做好团队的预订工作;对排房、分房时的各种问题要能灵活应变,要提前打印好团队用房分配表并分送到各个部门;提前装好信封,写好封面,装好房卡,标间装两张房卡;提前在酒店大堂某一区域安排好团队客人的休息区,竖立起醒目的团队名称示意牌。

三、模拟范例

Rose:"您好,这里是成都新东方千禧酒店客房预订部,我是接待员 Rose,请问有什么可以帮您的吗?"

客人:"我是中国国际旅行社上海分社计调部,要安排一个团队入住贵酒店。"

Rose:"请问先生,怎么称呼您?"

客人:"李明。"

Rose:"好的,李先生,请问团队多少人?何时抵店?住几天?"

客人:"6月3日入住,住两晚,大约22人。"

Rose:"需要单间还是标准间?总共需要多少间房?"

客人:"先预订10间标准间和2间单人间。"

Rose:"请您稍等,我查一下……6月3号入住,住两晚,也就是6月5日离店,目前我们可以安排您的预订,请问您对房间还有其他要求吗?"

客人:"房间全部要在同一楼层,尽量高楼层。"

Rose:"好的,您看16楼可以吗?"

客人:"好的,如果团队有人要加入呢?"

Rose:"如果团队人数有变化,请您及时和酒店取得联系,好吗?"

客人:"好的。"

Rose:"李先生,贵旅行社是酒店长期合作伙伴,还是按照之前的协议价,每间标准间按标准价的7折,以每间人民币680元含自助早餐的价格给您,单人间每间人民币780元含自主早餐的价格给您,好吗?"

客人:"好的。"

Rose:"请问您以什么方式付款?"

客人:"转账。"

Rose:"好的。稍后请发一份传真作一下付费担保,好吗?"

客人:"好的。"

Rose:"酒店传真号码是028-8880028,请您将客人的详细资料一并传给我们好吗?"

客人:"没问题。"

Rose:"请问团队乘什么交通工具抵达?"

客人:"团队乘坐飞机,但是我们旅行社会安排接机并直接把他们送达你们酒店,预计6月3日18:00抵达。"

Rose:"好的,那您还有其他要求吗?"

客人:"没有了。"

Rose:"好的。您的电话和传真号是多少?"

客人:"电话028-27654×××,传真028-27654×××。"

Rose:"请问团队领队的姓名以及电话?"

客人:"我们领队姓王,全名王媛,电话1358786××××。"

Rose:"好的,李先生,给您确认一下,您在本店预订了10间标准间,2间单人间,6月3日18:00抵店,预计住2晚,每天每间标准间的费用是人民币680元含自助早餐,每天每间单人间的费用是780元含自主早餐。您采用转账付款,不需要接机服务,您的电话028-27654×××,传真028-27654×××,领队王媛,电话1358786××××。是这样吗?"

客人:"是的。"

Rose:"如果有什么变化,请您及时和我们联系,好吗?"

客人:"好的。"

Rose:"谢谢,在您付款担保后,酒店会及时回复预订确认函的。"

客人:"好的。"

Rose:"再见。"

客人:"再见。"

四、实训考核表

(一)团队电话预订评价表

团队电话预订评价表如表3-2所示。

表3-2 团队电话预订评价表

实训内容	序号	考核要求	分值	得分
团队电话预订	1	问好,自报姓名	5	
	2	聆听客人订房要求	10	
	3	询问客人姓名	5	
	4	询问并全面记录客人预订要求(入住时间、房型、房价、数量、离店时间、付款方式等)	25	
	5	确认预订,记录入住人及预订人信息(姓名及联系方式)	15	
	6	询问有无其他要求	10	
	7	清楚复述预订信息	10	
	8	道谢	10	
	9	仪容仪表及礼节	10	
总分			100	

(二)团队入住准备工作评价表

团队入住准备工作评价表如表3-3所示。

表 3-3　团队入住准备工作评价表

实训内容	序号	考核要求	分值	得分
团队入住准备工作	1	根据团队客人要求提前查看房态,确保房间为可售房	10	
	2	根据团队客人的要求来安排房间	10	
	3	分房:同一团队的客人尽量安排集中	20	
	4	打印团队用房分配表	10	
	5	分送团队用房分配表到客房部、餐饮部、礼宾部等	10	
	6	准备团队客人入住登记表	10	
	7	提前准备好信封,封面写清团队名称、房号,信封内装好客人房卡	10	
	8	提前在酒店大堂某一区域安排好团队客人的休息区,竖立起醒目的团队名称示意牌	10	
	9	等待客人入住	10	
总分			100	

拓展提升

1. 不同客人的排房顺序
(1) 团队客人。
(2) VIP 客人。
(3) 有特殊要求的客人。
(4) 有预订且已付订金的客人。
(5) 没有预订直接抵店的客人。

2. 不同房间的排房顺序
(1) 空房。
(2) 走客房。
(3) 预退房。
(4) 机动房。
(5) 自留房。
(6) 待修房。

任务二 团队礼宾迎接服务

任务引入

6月3日18:00,成都新东方千禧大酒店门口,门厅迎宾员Alex、接待员Cathy、行李员Peter、行李领班Andy已经在等候来自中国国际旅行社上海分社一行22人的到来。让我们和他们一起迎接客人的到来。

理论知识

一、团队门厅迎接服务流程

团队门厅迎接服务流程如表3-4所示。图3-2所示为指引车辆。

表3-4 团队门厅迎接服务流程

序号	要点	语言及说明
1	指引车辆	将宾客车辆指引到合适的地方,以免酒店门口拥堵
2	礼貌问候	协助客人下车,欢迎客人光临 语言:"大家好,欢迎大家光临××酒店。"
3	提醒注意事项	提醒客人下车时不要遗忘行李物品 语言:"请大家注意检查自己随身携带的物品。"
4	引领客人	1. 走在客人前方约1米处,随时侧身照顾客人 2. 引领领队或导游到前台办理入住手续 3. 引领团队其他客人到大堂指定休息区域等候 语言:"大家这边请,这边是休息区,请大家在这里休息等候。" 4. 适当介绍酒店的设施设备

续表

序号	要点	语言及说明
5	协助办理入住登记	把领队或导游介绍给接待员 语言:"李女士您好,这是我们的接待员Cathy,她将为您的团队办理入住手续。"
6	协助客人进房	客人领到钥匙后,协助客人分批进入电梯,按好客人要抵达的楼层 语言:"大家这边请,我们的房间在16楼,请大家依次进入电梯。"

图 3-2　指引车辆

二、团队礼宾行李服务流程

团队礼宾行李服务流程如表 3-5 所示。图 3-3 所示为清点搬运客人行李。

表 3-5　团队礼宾行李服务流程

序号	要点	语言及说明
1	清点行李	1. 核对团号后由团队司机或领队陪同，与酒店领班及行李员共同清点行李件数，并检查行李有无破损 语言："您好，请问您是来自中国国际旅行社上海分社的全陪导游王媛女士吗？" 2. 如行李有破损等情况及时告知团队领队和司机确认，并要分别签字，以区分责任 语言："您好，您团队的行李总共33件，23件大行李，10件小行李，您看对吗？"
2	填写团队行李登记表	写明行李交接情况，填写登记表并签字
3	分房	行李先于客人抵店：应将行李放于指定的地点，标上团号，罩上行李罩存放，以区分不同的团队，等客人到店后核对房间分配是否变化，确认后再分送行李
		行李与客人同时到店：在每件行李上挂上饭店的行李标签，待客人办理入住登记后根据接待处提供的团体分房表，认真核对客人姓名，并标上房号，以便分别送到客人房间
4	送行李	1. 将写上房号的团队行李装上行李车，装车时遵循"同团同车，同层同车，同侧同车"的原则，行李送到相应楼层后，按房号分送 2. 进入楼层后，应将行李放在房门一侧，轻轻敲门，自报身份 语言："您好，行李员。" 3. 客人开门后，主动向客人问好，将行李送入房间，等客人确认后方可离开 语言："李小姐，您好，您的行李一共2件，对吗？"
5	签字确认	1. 行李分送完毕后，应请团队领队签字并确认 2. 如发现行李出现差数或件数不够，应立即报告当班领班和主管，帮助客人查清 3. 如有姓名卡丢失的行李，应由领班帮助确认 语言："王女士，您团队的行李总共33件，23件大行李，10件小行李，已经全部送到客人房间，请您核对后在这里签字确认，谢谢。"

续表

序 号	要 点	语言及说明
6	登记存档	行李员应将每间客房的行李件数准确登记在团队入店行李登记表上,并与刚抵店时的总数核对,确保无误后,团队领队或导游、行李领班签字确认后按团队入住单上的时间存档

图 3-3　清点搬运客人行李

附:团队行李进出店登记单(见表 3-6)。

表 3-6　团队行李进出店登记单

团体名称			人数	
抵达日期			离店日期	
进店	卸车行李员		酒店行李员		领队签字	
离店	装车行李员		酒店行李员		领队签字	

续表

行李进店时间	车号	行李收取时间	行李出店时间	车号

房号	行李箱		行李包		其他		备注
	入店	出店	入店	出店	入店	出店	
总计							

入店　　　　　　　　　　　　　　　　出店
行李主管：　　　　　　　　　　　　　行李主管：
日期：　　　　　　　　　　　　　　　日期：

三、注意事项

（一）关于团队门厅迎接服务

团队客人一般人数较多，所以接待员和迎宾员应提前做好准备，待客人到达之时引领客人至酒店专门的休息区域等候，以免大堂拥挤混乱。

（二）关于团队行李服务

团队行李抵店时，尽量错开不同团队行李到店时间，并派不同的行李员负责。团队行李一般件数较多，应用行李车装运，在装车时应注意以下几点。图3-4所示为正确使用行李车。

（1）硬件在下、软件在上，大件在下、小件在上，并特别注意有"请勿倒置""易碎物品"等字样的行李。

（2）同一团体的行李应放于同一趟车上，如果放不下时应分装两车。同一团体的行李分车摆放时，应按楼层分车，应尽量将同一楼层或相近楼层的行李放在同一趟车上。

（3）如果同一层楼有两车行李，应根据房号装车；同一位客人有两件以上的行李，则应把这些行李放在同一车上,应避免分开装车,以免客人误认而丢失行李。

(4) 遵循"重下轻上,大下小上,耐压在下,易损在上"的原则。

图 3-4 正确使用行李车

实践操作

2019 年 6 月 3 日 18:00,来自上海的旅游团在全陪王媛女士和地陪张枫女士的带领下已乘车来到酒店大门,接待员 Cathy 早已做好准备,门厅迎宾员 Alex 上前指引车辆,行李员 Peter、行李领班 Andy 正推着行李车前来为王女士一行卸装行李。

一、实训目的

掌握团队到店礼宾迎接流程。

二、实训要求

1. 基础训练:学生分成两组,分别模拟全陪、地陪、接待员、迎宾员、行李员和行李领班以及其他客人进行团队到店迎接服务操作。

2. 应变训练:模拟全陪的学生可在接待过程中提出各种合理要求,迎宾员、行李员和接待员进行应变训练。

三、模拟范例

迎宾员将车辆指引到合适位置后,欢迎客人到来。

迎宾员:"大家好,欢迎光临千禧酒店,我是迎宾员 Alex。"

确认客人的信息。

迎宾员:"女士您好,请问您是来自中国国际旅行社上海分社的全陪导游王媛女士吗,您的团队总共22人,对吗?"

王女士:"是的。"

协助客人下车。

迎宾员:"请大家带好随身物品,下车请注意安全。"

行李员开始检查核对客人的行李,并与全陪确认。

行李员:"王女士,您好。您团队的行李总共33件,其中23件大行李,10件小行李,您看对吗?"

王女士:"是的。"

核对无误后行李员填写团队行李登记表并请全陪王女士签字,行李领班签字。

行李员开始为客人装车,把行李搬到团队客人行李存放区等候客人办理入住手续。

迎宾员指引客人走向酒店大厅门口,为客人提供拉门服务。

迎宾员走在客人左前方约1米处。

迎宾员:"大家请跟我走。"并随时侧身关注客人。

把团队客人引领到团队休息区域。

迎宾员:"大家请在这休息等候,马上为大家办理入住手续。"

指引全陪王女士走到前台,迎宾员将客人介绍给前台服务员。

迎宾员:"王女士您好,这是我们的前台接待员Cathy,她将为您的团队办理入住手续。"

协助客人办理入住手续,与客人确认客房间数。

接待员:"王女士,您的团队总共是10间标准间,2间单人间,这是房卡,房间全部按您的要求安排在16楼。"

王女士:"好的,谢谢!"

接待员:"不客气,祝您和您的团队入住愉快。"

迎宾员在客人休息区域协助全陪、地陪分发房卡,引领客人进房间,为客人按电梯,请客人先进先出电梯。途中可与客人寒暄,简单介绍酒店或周边环境。

迎宾员:"大家这边请,我们的房间在16楼,电梯在这边,行李稍后会为大家依次送到房间。"

客人办理入住手续后,行李员接到团队客人准确的房号和入住名单,这时要在行李上贴好宾客姓名和房号,然后待客人进入房间后为客人派送行李。

行李员"您好,行李员。"

客人开门后。

行李员:"李小姐您好,您的行李一共 2 件对吗?"

李女士:"是的,谢谢!"

行李员将行李放在行李架或指定位置。依次送完行李后请团队全陪签字确认。

行李员:"王女士,您团队的行李总共 33 件,其中 23 件大行李,10 件小行李,已经全部送到客人房间,请您核对后在这里签字确认。"

王女士:"好的,谢谢你!"

行李员:"不客气,祝您和您的团队入住愉快!"

团队全陪签字确认后需要行李领班签字确认,再存档。

四、实训考核表

(一)团队门厅迎接服务评价表

团队门厅迎接服务评价表如表 3-7 所示。

表 3-7 团队门厅迎接服务评价表

实训内容	序号	考核要求	分值	得分
团队门厅迎接服务	1	引导车辆停放在合适位置	10	
	2	欢迎客人光临	20	
	3	提醒客人带好随身物品	10	
	4	引领全陪到前台	10	
	5	引领其他客人到大堂休息区域	10	
	6	介绍全陪给前台接待员	10	
	7	协助团队客人进房	20	
	8	道别,返回岗位	10	
总分			100	

(二)团队行李服务评价表

团队行李服务评价表如表 3-8 所示。

表 3-8　团队行李服务评价表

实训内容	序号	考核要求	分值	得分
团队行李服务评价表	1	与全陪确认客人信息	10	
	2	清点行李，确认行李件数，检查有无破损	15	
	3	填写团队行李登记表，请全陪确认签字	10	
	4	按照客人信息、房号分别在行李上贴好标签	10	
	5	将行李放在指定区域，等候客人	10	
	6	分送行李	15	
	7	签字确认：行李分送完毕后请全陪和行李领班签字确认	20	
	8	登记存档	10	
总分			100	

拓展提升

行李车的使用

行李车的使用如下。

（1）注意行李车的保养和清洁，保持其外表干净美观。夜班服务员要对行李车的转动摩擦部位加油，避免运载行李时发出声响。

（2）行李员使用行李车时必须佩戴手套，避免在使用完行李车后留下手印。

（3）行李车装载的行李要适量。

（4）使用行李车时特别小心前方和左右两边，不得让行李车碰到电梯、楼层的墙壁，避免损坏酒店的公共区域。

（5）使用时注意周围的客人，不能撞到客人。

（6）当行李车不用时，应按指示的地方排列整齐，不能乱放，以免影响酒店的形象。

（7）装运行李时，注意不要损坏客人的行李。

任务三　团队总台接待服务

任务引入

全陪王女士此刻被迎宾员 Alex 带领到了总台接待处，负责接待团队的接待员 Cathy 早已做好准备。

理论知识

一、团队入住接待流程

团队入住接待流程如表 3-9 所示。图 3-5 所示为团队客人抵店入住。

表 3-9 团队入住接待流程

顺 序	要 点	语言及说明
1	礼貌迎接，欢迎入住	1. 问好并表示欢迎 2. 迎宾员与销售部联络员一起将团队引领至团队接待处 3. 如果团队人数较多或者是重要团队，则大堂副理或酒店相关部门的经理要一起迎接 4. 迎宾员给团队客人介绍本酒店的设备设施情况，告知有关事宜，如早、中、晚用餐地点，洗衣房，健身房等 语言："大家下午好/晚上好，欢迎大家入住××酒店，我是迎宾员××，很高兴为大家服务，给大家介绍一下我们酒店的情况，大堂左边是大堂吧，健身房在四楼，早餐在六楼西餐厅。"
2	填写入住信息	1. 接待员弄清团名并找出订房相关资料，确认总人数、房间数、房间类型、特殊要求、离店时间等 2. 请全陪出示客人身份证，办理入住手续 3. 请团体导游或领队协助团体客人填写入住登记表 4. 确认无误后，接待员和团队领队要在团队入住登记表上签字确认
3	分发房卡，与领队确认信息	1. 接待员将团队客人的房卡给领队，协助团队领队分配客房并分发房卡 2. 接待员与团队领队或导游确认房间类型和数量、叫早时间、出行李时间、用餐时间、离店时间等

续表

顺 序	要 点	语言及说明
4	掌握付款方式	1. 团体订房单上会标明付款方式,再次与领队或导游确认 2. 如果是现金,需要收取押金 3. 如果是转账,应明确是接待社付款还是组团社付款。如果是接待社,应由地陪签字确认;如果是组团社,应由全陪签字确认
5	完成入住登记	完成入住手续后,接待员应将准确的房号和入住团体客人的名单一同送到行李部,便于分发和收取行李
6	信息储存	1. 将入住团队客人信息输入电脑,方便其他部门获得团队客人入住信息 2. 制作团队总账单和分账单

图 3-5 团队客人抵店入住

实践操作

全陪王女士在迎宾员 Alex 的带领下到了总台接待处,负责接待团队的接待员 Cathy 接待了她。

一、实训目的

掌握团队入住接待程序。

二、实训要求

1. 基础训练:按照三人一组,分别模拟客人、总台接待员和迎宾员进行团队入住登记流程操作。

2. 应变训练:三人角色互换,分别进行团队客人入住接待,在这一过程中客人可以提出各种要求进行训练。

三、模拟范例

迎宾员把团队客人带到指定休息区域。

迎宾员:"大家下午好/晚上好,欢迎大家入住××酒店,我是迎宾员 Alex,很高兴为大家服务,给大家介绍一下我们酒店的情况,大堂左边是大堂吧,健身房在四楼,早餐在六楼西餐厅。大家可以在这里稍作休息,马上为大家办理入住手续,请稍等。"

客人:"好的。"

迎宾员把团队全陪王女士介绍给接待员。

迎宾员:"这是来自中国国际旅行社上海分社的全陪导游王媛女士。"

接待员:"好的。王女士,您好,欢迎入住××酒店,我是接待员 Cathy,很高兴为您和您的团队服务。下面给您确认一下您团队的预订信息。"

王女士:"好的。"

接待员:"您的团队是来自中国国际旅行社上海分社的团队,总共 22 人,预订了 2019 年 6 月 3 日、6 月 4 日的 10 间标准间和 2 间单人间,2 位客人单独住单间,要求基本要在同一楼层,对吗?"

王女士:"对的。"

接待员:"那按您的要求,将您的团队全部安排在 16 楼。"

王女士:"好的。"

全陪把提前收取好的客人身份证给接待员办理入住手续,接待员分发入住登记表给全陪。

接待员:"这边是您团队的入住登记表,需要大家填写。"

王女士:"好的。"

客人填写完入住登记表后,接待员和全陪签字确认。

接待员:"王女士,这边需要您签字确认。"

王女士:"好的。"

接待员:"王女士,这是您团队的房卡,总共入住两晚,房间在16楼,10个标准间,2个单人间。"

王女士:"好的。"

分发房卡。

接待员:"和您确认一下,明天、后天早上的叫早时间都是6:30,早上7:00—7:30在六楼西餐厅用早餐,早餐是自助形式。6月5号出行李时间是7:40,对吗?"

王女士:"对的。"

接待员:"好的,王女士,再给您确认一下,根据您的订房单,您的团队由旅行社转账付款,这边需要您在这里签字确认。"

王女士:"好的。"

确认无误,签字确认。

接待员:"好的,王女士,电梯在大堂左手边,感谢您和您的团队入住我们酒店,祝您和您的团队入住愉快。"

四、实训考核表

实训考核表如表3-10所示。

表3-10 实训考核表

实训内容	序号	考核要求	分值	得分
团队入住接待	1	迎接客人并问候,引领至团队接待处	15	
	2	介绍酒店设施设备情况,告知有关事宜,如早、中、晚用餐地点等	10	
	3	接待员协助客人填写入住登记表并与团队领队签字确认	15	
	4	协助领队分发房卡	10	
	5	与领队确认信息:天数、房间类型和数量、叫早时间、行李离店时间、用餐时间等	10	
	6	掌握团队客人付款方式	10	
	7	完成入住手续后,接待员应将准确的房号和入住团队客人的名单送到行李部	10	
	8	将入住团队客人信息输入电脑	10	
	9	制作团队总账单和分账单	10	
总分			100	

拓展提升

在中国,入住酒店必须实名登记,出示本人有效证件,实行一人一证,一个房间住多少人,必须登记多少人,不可以一张证件开多个房间。如遇客人没带证件怎么办?

公安机关规定:

(1) 不满16周岁尚未申请领取居民身份证的,可以持户口所在地派出所出具的户籍证明办理入住登记;

(2) 未携带合法有效身份证或者有效身份证丢失的客人,可以由当地派出所对客人身份进行核查,为客人出具人口信息登记表(带照片),作为住宿凭证;

(3) 境外人员有效身份证遗失的,持公安机关出入境管理部门开具的遗失证明办理入住登记。

任务四　团队离店服务

任务引入

6月5日早上7:30点,千禧酒店的总台接待员Sunny正在为来自上海的旅游团王媛女士的团队结账并办理退房手续。

理论知识

一、团队总台结账服务流程

团队总台结账服务流程如表3-11所示。

表 3-11　团队总台结账服务流程

序　号	要　点	语言及说明
1	提前准备	团队离店前一天,核对团队客人每天的房费、餐费和一些其他消费的情况,准备好团队总账和分类账
2	核对内容	1. 核对好进店与离店日期、团队名称、房间数、房间类型、房价、餐饮、预付款、付款方式等信息 2. 及时与团队领队联系,沟通团队账目
3	礼貌问候	1. 主动问候,收取团队全部房卡,核对房号,查房 语言:"先生、女士,早上好,请问你们是办理退房手续吗?" 2. 如果不是团队领队全部拿房卡来退房,应见房卡查房,按照散客退房程序进行
4	核对账单	1. 打印团队客人总账单,核对无误后请客人签字,一般团队只支付房费和餐费 2. 打印分账单,比如洗衣费、房间酒水费等需要客人各自付清的账目则在分账单上,需要在总账单结账前处理
5	为客人结账	1. 与客人确认付款方式 2. 收银 3. 开具发票
6	道谢、道别	祝旅途愉快 语言:"谢谢光临本酒店,祝您旅途愉快!"

二、团队礼宾送行服务流程

团队礼宾送行服务流程如表 3-12 所示。

表 3-12　团队礼宾送行服务流程

序　号	要　点	语言及说明
1	填写登记表	团队离店前一天仔细阅读团队信息表,由夜班行李员填写团队行李登记表
2	核对信息	团队离店当天,行李领班与前台核对团队信息、房号等是否准确无误

续表

序号	要点	语言及说明
3	及时到达	1. 根据团名、团号和房间号码到达楼层 2. 按流程敲门并报部门 语言："您好,行李员。"
4	收取行李	1. 与客人核对行李件数 2. 提醒客人仔细检查,不要遗忘物品 语言："×女士/×先生,您一共有3件行李对吗?有易碎物品吗?请您再检查一下是否带好了随身物品?" 3. 记录各房间收取行李的件数,并汇报给行李领班
5	运送行李至大堂	1. 行李送至大堂,放在酒店指定位置并用行李网罩好 2. 核对行李件数是否与入住时吻合,并请领队或导游确认,无误后请其在团队行李登记表上签字
6	行李装车	得到该团行李放行通知后,安排行李员将行李装车,请司机确认并在团队行李登记表上签字,注明车号
7	存档	行李领班填写团队行李离店单,签字并存档

三、注意事项

（1）核对并确保团队房卡全部收齐。
（2）一定要询问有无即时消费,并和每个部门询问核实。
（3）确认好结算方式,现金、转账、信用卡等。

实践操作

6月5日早上7:30点,王媛女士前来退房,总台接待员Sunny正在为王媛女士的团队结账并办理退房手续。

一、实训目的

掌握团队离店结账服务流程。

二、实训要求

1. 基础训练:按照两人一组,分别模拟客人和接待员进行团队离店结账服务操作。
2. 应变训练:模拟客人的学生可预想出各种不同的结账方式,接待员根据总账单和分账单,进行应变训练。

三、模拟范例

Sunny:"王女士,早上好!您是要办理退房吗?"
王女士:"是的。"
收齐团队的房卡后安排查房,看下房间有无其他消费。
Sunny:"王女士,马上为您的团队安排查房,请稍等。"
Sunny通知客房部查房的同时,查看王媛女士团队的总账单和分账单,并与客人核对总账单,如果有个别消费,与客人核实分账单。
Sunny:"王女士,您好,您的团队在本店预订了10间标准间,2间单人间,6月3日18:00抵店,入住2晚,每天每间标准间的费用是人民币680元含自助早餐,每天每间单人间的费用是780元含自助早餐。总共消费16720元,无其他个人消费,请您核实。"
王女士:"好的,没有问题。"
Sunny:"王女士,根据预订信息,您的团队是采用转账付款的形式,对吗?"
王女士:"是的。"
把提前准备好的总账单给客人核对后签字确认。
Sunny:"王女士,如果没有问题,请您在这里确认签字。"
签字完成后开具发票。
Sunny:"王女士,您发票的抬头就是预订合同上的旅行社名称吗?"
王女士:"对的。"
Sunny:"王女士,您团队的账目已经全部结清,这是发票,请您收好。"
王女士:"好的,谢谢你。"
Sunny:"王女士,您团队的行李已经全部安排送上了旅游大巴。"
王女士:"好的,谢谢你。"
Sunny:"谢谢您和您的团队入住我们酒店,祝您和您的团队旅途愉快,期待下次光临。"

四、实训考核表

(一)团队总台结账服务考核表

团队总台结账服务考核表如表3-13所示。

表 3-13　团队总台结账服务考核表

实训内容	序号	考核要求	分值	得分
团队总台结账服务	1	准备总账和分账,提前做好准备	10	
	2	礼貌问候客人	10	
	3	打印总账单并与领队核对	20	
	4	打印分账单并与单个客人核对	20	
	5	问清付款方式,处理结账	20	
	6	开具发票	10	
	7	礼貌道别	10	
总分			100	

（二）散客礼宾送行服务考核表

散客礼宾送行服务考核表如表 3-14 所示。

表 3-14　散客礼宾送行服务考核表

实训内容	序号	考核要求	分值	得分
散客礼宾送行服务	1	接听电话,报告部门	5	
	2	了解客人房号、行李件数、是否用车等信息	15	
	3	敲门进房	10	
	4	收取行李,核对件数	15	
	5	提醒客人小件物品	15	
	6	运送行李到大厅,走在客人身后	10	
	7	途中与客人简单交流,问问入住感受等	10	
	8	指定位置等候客人结账	5	
	9	运送行李至车辆,放好行李	5	
	10	开车门,送客上车	5	
	11	道谢、道别	5	
总分			100	

拓展提升

快速结账服务

团队客人结账较集中,需要快速准确地替客人办好,以免耽误客人时间。团队账目也比较复杂,有总账和分账,需要与客人核对,为了方便客人,国外的一些酒店力求为客人提供快速结账服务,大致分为以下两种模式。

1. 宾客房内结账

这种酒店的计算机管理系统具有宾客房内结账功能,酒店利用客房内的电视机,将其与酒店的计算机管理系统连接,宾客就能在离店的前一天晚上根据服务员的说明启动房内结账系统,开始结账。在离店的当天早上,宾客就可以在电视机屏幕上看到最后的账单情况,并提前通知收银员准备账单,这样就加快了结账的速度。如果住客使用信用卡结账,就不必到前厅收银处办理结账手续;如果客人用现金付款,则必须到前厅收银处结账,因为付现金的客人还没有与酒店建立信用关系,故计算机管理系统的控制程序不允许现金付款的客人采取房内结账。

2. 客人填写快速结账委托书办理结账

对于有长期合作的团队客人,使用信用卡结账的酒店为其提供快速结账服务。客人在离店前一天填写好快速结账委托书,允许酒店在其离店时为其办理结账退房手续。客人可向酒店前台索取快速结账委托书,将其填好后送至总台,总台服务员核对后,在客人离店当天早上,服务员将客人消费数目告知客人,确认签字。当客人离店后,服务员为客人办理结账手续,填制信用卡签购单。

项目小结

本项目知识点主要阐述了前厅部对团队的服务流程,从团队预订到团队抵达前的准备,到礼宾接待、行李服务,从团队入住手续办理到团队离店服务。学习本章知识后,应把握团队抵达前的准备工作、礼宾迎送服务、礼宾行李服务、总台接待服务和结账服务,从不同的前厅岗位进行项目实训,掌握团队到店服务的一系列流程。

项目训练

一、知识训练

1. 简述团队入住前的准备服务流程。
2. 简述团队入住前台登记流程。

二、实训操作

1. 两人一组扮演预订员与客人,进行团队预订服务。
2. 三人一组,进行团队到店礼宾服务、行李服务。互换角色,交替进行。
3. 两人一组,分总台接待员和客人,进行团队总台入住登记服务。
4. 四人一组,分礼宾员、总台接待员、客人、行李员,进行散客、团队离店服务流程。互换角色,交替进行。

三、案例分析

案例一　楼层错了

销售部接到一日本团队的住宿预订,在确定了客房类型、数量和房间全部安排在7楼同一楼层后,销售部开具了来客委托书,交给了总台服务员Amma。特别强调客人房间全部要求在7楼。由于Amma工作疏忽,把7楼在电脑中输成了9楼,与此同时,酒店又接了很多散客的预订,都是预订的7楼。等到日本团队抵店时7楼房间已经不够了,客人只有分开楼层住,或者全部移到其他楼层,团队客人坚决不住9楼,要求酒店解决。因为关系到酒店的声誉和形象,所以销售部经理和前厅部经理一起出面,而7楼已经入住了很多散客不好调换,最后按照客人要求,给他们全部换到了8楼,每间房送鲜花果篮才解决了这个问题。

【案例评析】

该案例中日本客人要求住7楼,由于酒店疏忽导致出现无法满足客人的情况,这时我们只有尽力才能让客人满意,酒店前厅部经理和销售部经理做法就很正确。先了解客人的心理,为什么要住7楼,然后提出让客人满意的方案。在前厅部工作,必须了解外国来宾的喜好。

(1)当团队预订出现问题时,预订员应注意和客人沟通时的礼节礼貌及沟通方式。如无法处理,应当请求上级领导出面。

(2)如果有外国来宾入住,酒店应了解外宾的喜好和忌讳。比如日本客人喜欢单数,不喜欢双数,喜欢部分数字1、3、5、7、8,不喜欢4和9,因为4和9与日语中的死和苦同音。欧美客人不喜欢数字13。这些情况酒店在客人入住前就应该了解清楚,以便更好地为客人服务。

(3)有团队客人预订时接待员必须按客人的要求提前给客人留有足够房间,如果出现错误,也只能想办法先满足团队客人的用房,因为团队用房一般数量较多不好调换。如果发生类似情况,酒店可以根据预订情况在让客人满意的前提下给予调配。

案例二　不应有的早餐消费

8月6日上午,5日入住酒店的某团队领队张小姐来到总台结账退房。在核对账单时,她发现1102、1108、1112这3个房间均转入了早餐消费各76元。由于此团队房间是房费含早餐,不应该产生此项费用,张小姐对此非常生气,且对此次团队住房所产生的各项费用均产生了怀疑。总台当班领班小李一边向张小姐表示歉意,一边致电餐厅询问,原来是5日总台夜班人员未将此团队的房间号码打印给餐厅,而餐厅也误将这几个房间当成普通散客房来操作,从而导致了问题的发生。为了不耽误客人离店的时间,小李向客人表示了歉意,并先将客人的其他费用结清,同时将此事汇报给了当班的大堂副理。大堂副理代表酒店再次向张小姐等客人表示了歉意并向张小姐的团队赠送了酒店的小礼品,张小姐这才平息了怒气。事后领班小李查看了总台交接班本,发现前一日总台在交接班本上写得很清楚:要将此团队的在住房号打印出来交给餐厅。而夜班人员由于工作的疏忽并未打印团队报表,这才导致了投诉的发生。

【案例评析】

酒店的大型团队,一般都是凭早餐券或房卡用早餐的,而且团队客人都是房费含早餐的,不会另外产生早餐费用。由于以下原因才导致了本投诉。

（1）总台夜班人员未完成交接班中的相关事宜,对客情不熟悉。对于当班人员来说首要的是熟悉本班所要处理的各项事情,不遗漏每一件小事,因为有时看似一件细微的小事,往往也会对酒店造成很大的影响。案例中,夜班人员在接班后,未仔细查看交班本,未对本班的工作仔细检查,未认真核对团队用房。

（2）未在客人离店前仔细核对账单内容。总台早班人员应该在次日该团队结账前仔细核对账单上各项费用的组成,及时发现问题。如果等结账时客人发现问题则会引起客人的不满,甚至引起客人对整个账单的怀疑。此外,酒店应在客人产生疑问的第一时间做好解释工作,及时改正错误,消除误会。

（3）接待团队客人时,应在客人入住后,打印好团队入住登记客人名单、房号给各部门,以便做好接待工作。

（4）在团队离店前一天,各部门应核对团队客人每天的房费、餐费和一些其他消费的情况,提前与团队领队核对各个账目,准备好团队总账和分类账,一般团队已经支付房费和餐费,其他消费由客人各自承担。

项目四
VIP客人服务实训

🐼 项目目标

职业知识目标：
1. 掌握VIP客人抵店前的准备工作程序。
2. 熟悉VIP客人礼宾迎送服务程序及礼仪。
3. 掌握VIP客人总台接待程序及注意事项。

职业能力目标：
1. 能熟练做好VIP客人抵达前的准备工作。
2. 能熟练为VIP客人提供总台接待服务。

职业素养目标：
1. 热爱酒店前厅工作，培养职业荣誉感。
2. 明白VIP客人服务的重要性。
3. 养成善于思考、应变的能力。

知识框架

项目导入

早上,千禧大酒店前台接到总经理通知,明天将会有一位陈先生入住酒店,这位陈先生是本酒店的重要合作伙伴,经董事长邀请到酒店洽谈业务。为了做好这位VIP客人的接待工作,大堂副理及酒店相关人员都为陈先生的到来做好了准备。

任务一　VIP客人抵达前的服务

任务引入

前台员工Amy接到电话,VIP客人陈先生将于明天中午入住本酒店,让我们和大堂副理一起做好准备工作吧。

理论知识

一、什么是VIP客人?

VIP是英文Very Important Person的简写,表示身份地位高,能给酒店带来生意,多次住店,和酒店工作人员关系密切的客人。

二、VIP客人抵达前的准备工作流程

VIP客人抵达前的准备工作流程如表4-1所示。

表 4-1　VIP 客人抵达前的准备工作流程

序号	要点	语言及说明
1	申请	接到 VIP 客人的预订要求,应该马上检索 VIP 客史档案,掌握客人相关材料,填写 VIP 申请单,上报总经理审批签字
2	掌握基本信息	掌握 VIP 客人的姓名、职务、习惯、宗教信仰、特殊要求及抵离店时间
3	分房	VIP 房的分配力求选择同类客房中方位、视野、景致、环境、房间保养等方面处于最佳状态的客房
4	检查	1. 在 VIP 客人抵达前检查 VIP 客人钥匙信封的准备情况 2. 检查 VIP 房的卫生状况,并根据要求进行适当布置(如放上印好重要客人姓名的浴衣、毛巾、拖鞋等) 3. 在 VIP 客人抵达前一小时,检查鲜花、水果、欢迎信的派送情况,并提醒相关接待人员按时到位
5	其他	1. 根据需要铺设红地毯,制作横幅等 2. 在 VIP 客人抵达前 10 分钟,应打开房门,调好空调,开启室内照明 3. 礼宾员和行李车在 VIP 客人下车区域等候,并控制一部电梯

三、注意事项

(1) 各岗位人员都必须熟记 VIP 客人的姓名、职务、人数、在店时间、活动过程等内容,并且当值管理人员及服务员都要挑选最优秀的。

(2) 如果 VIP 客人为外籍客人,应按照 VIP 客人国籍送该国语言报纸,如没有,则送英文报纸。内宾送当日当地政府报纸。

(3) 将电视调至贵宾母语频道。可能的话,显示中英文对照的欢迎词。

实践操作

四川省某办公室工作人员李明打来电话,李部长一行人将于本周末即 2018 年 10 月 28 日入住千禧大酒店,前台员工 Amy 接电话,顺利完成了预订,并马上检索 VIP 客史档案,填写 VIP 申请单,上报总经理。总经理即刻通知大堂副理,做好准备工作。

一、实训目的

掌握 VIP 客人抵达前的准备工作流程。

二、实训要求

1. 基础训练:按照两人一组,分别模拟前台员工 Amy 和大堂副理,Amy 填写 VIP 接待通知单,大堂副理根据通知单说出 VIP 抵达前的准备工作流程。

2. 应变训练:模拟大堂副理的学生可在准备过程中提出一些有针对性的、比较特别的工作建议和计划。

三、模拟范例

表 4-2 所示为 VIP 客人接待通知单。

表 4-2 VIP 客人接待通知单

姓名	李先生	性别	男	职务	部长	接待规格	VA
随行人员	男(5人)		女(2人)		团队联系人	张三	
接待单位	四川省某办公室			联系人	李明	联系电话	13888888888
抵店时间	2018年10月28日17时00分			航班/车次		MU5314	
离店时间	2018年10月30日14时50分			航班/车次		MF8177	
	主宾房号	2503	数量	1	普通客房□ 标准客房□ 标准套房□ 温馨套房□ 高级套房□ 高级客房□		
	随宾房号	2508—2514	数量	7	商务套房□ 商务客房□ 行政客房□ 至尊套房□ 至尊客房☑ 大使套房☑ 主席套房□ 总统套房□		
会议室	大型会议室□ 中型会议室☑ 小型会议室□ 会见厅□ 谈判厅□						
特别提示	部长习惯睡低枕和硬床;29 日早餐后外出检查工作,晚餐后回酒店;30 日上午 8:30—11:30 在酒店举行工作会议,听取相关地方领导汇报工作,与会人数 30 人,有省市领导参加的重要会议,需要提前精心布置会场						

续表

总经理室	审批 VIP 客人接待申请表,通知相关部门做好准备。总经理在 28 日李部长抵达时做好迎接准备		
销售部	销售部和各部门沟通协调,做好接待准备		
前厅部	部门经理迎接☑　　大堂副理☑　　宾客代表迎接☐ 部门经理欢送☐　　大堂欢送☐　　宾客代表欢送☐ 金钥匙☐　宾客代表☑　机场迎接☑　大堂迎接☑　专车☑　前台登记☑　客房登记☑ 门童☑　行李☑　主管迎宾☑　礼仪团队☑　红地毯☐　欢迎标语☐　指示牌☐ 香巾☑　手花☑　欢迎信☑　贵宾卡☑　纪念品☑　贵宾专用通道☑　专梯☑ 报纸☑　杂志☑　书籍☑ 配置规格　果篮 A 级☑　B 级☐　C 级☐　D 级☐　鲜花 A 级☑　B 级☐　C 级☐　D 级☐ 酒水 A 级☑　B 级☐　C 级☐　D 级☐　点心 A 级☑　B 级☐　C 级☐　D 级☐		
	学生填写或勾选以上栏目的内容		
客房部	大使套房一间,至尊客房 7 间,连住两晚		
餐饮部	在酒店进行早餐,早餐为西式早餐 28 日晚在酒店进行 12 人欢迎晚餐 30 日中午在酒店进行 12 人的欢送午宴		
保卫部	28 日晚、30 日上午有省市领导人莅临,加强安全防卫工作		
康乐部	28—29 日两晚进行放松疗养		
工程部	安排并检查专梯,提前检查贵宾房间及会议室电线、电路和电器使用状况,确保运行正常		
抄送	总经理　前厅部　客房部　餐饮部　保卫部　康乐部　工程部		
付款方式	信用卡	费用折扣	无
分送	2018 年 10 月 22 日	通知人	总经理

四、实训考核表

实训考核表如表 4-3 所示。

表 4-3 实训考核表

实训内容	序号	考核要求	分值	得分
VIP客人抵达前的准备工作	1	填写申请单，上报总经理	10	
	2	掌握 VIP 客人基本信息	15	
	3	分房	10	
	4	检查钥匙信封	20	
	5	检查房间卫生状况	15	
	6	检查房间布置情况	10	
	7	检查鲜花、水果、欢迎信	10	
	8	其他	10	
总分			100	

拓展提升

VIP 的等级划分

1. 等级名称

VIP 等级划分共计四等，按级别高低依次为 VA、VB、VC 和 VD。

2. VIP 宾客资格

VA 级：中央级别领导、省级主要领导及负责人。

VB 级：省政府部门领导、市级政府部门领导、知名企业高层管理者、同行业企业主要领导、省级旅游行业领导及对酒店有过重大贡献的人。

VC 级：社会名流（演艺界、体育界、文化界）及集团或酒店邀请的重要客户和嘉宾。

VD 级：个人全价入住酒店豪华客房 3 次以上、入住酒店 10 次以上的客人和集团或度假邀请的嘉宾。

任务二　VIP客人礼宾迎接服务

任务引入

李部长一行人即将抵达千禧酒店准备入住,酒店总经理、各部门经理、大堂副理及相关服务人员早已在大堂恭候李部长的到来。

理论知识

一、VIP客人礼宾迎接服务流程

VIP客人礼宾迎接服务流程如表4-4所示。

表 4-4　VIP客人礼宾迎接服务流程

序号	要点	语言及说明
1	指引车辆	门童维持酒店大门口秩序,将VIP客人的车辆指引到预留的车位,协助做好安全保卫工作
2	提供护顶服务	1. 迎宾员左手开车门成70°左右,右手挡住车门上沿防止客人头部碰撞车门上沿 2. 协助宾客下车,必要时为其提供撑伞服务 3. 面带微笑,用酒店标准用语准确称呼VIP客人 语言:"李部长,您好,欢迎光临千禧大酒店。"
3	致欢迎辞	大堂副理准确称呼VIP客人姓名或头衔,问候致意,做简单自我介绍,并将总经理介绍给VIP客人,由总经理致欢迎辞 语言:"李部长,您一路辛苦了。非常荣幸您能选择我们酒店,我和我的员工都将竭尽全力为您提供优质的服务,希望能给您留下美好的印象。"
4	协助卸下行李	行李处领班及行李员协助卸下行李并清点交接

续表

序 号	要 点	语言及说明
5	拉门示意,进入客房	迎宾员为VIP客人拉开酒店大门,由礼宾部领班引领,总经理、各部门经理、大堂副理陪同VIP客人乘坐专梯,直接进入客房 语言:"李部长,请这边走。" "李部长,这就是您的房间。"

二、注意事项

(1) 如果VIP客人是由酒店派专车去接,跟车人员与司机要提前到指定地点等候,接到VIP客人后要立即通知大堂副理,并预估抵店时间。

(2) 如果客人是第一次入住,请其陪同人员代为办理入住手续;如客人是第二次以上入住,由前台接待人员根据数据库资料代其填写,然后由其本人或是陪同人员签字确认。

实践操作

此刻,李部长一行人的车辆已来到酒店大门,门厅迎宾员上前为李部长开车门护顶,行李员正推着行李车准备卸装行李,门童也准备好为他们指引车辆。总经理、各部门经理及大堂副理也做好了迎接准备。

一、实训目的

掌握VIP客人到店礼宾迎接流程。

二、实训要求

1. 基础训练:按照六人一组,分别模拟客人、迎宾员、行李员、门童、总经理和大堂副理进行VIP客人到店迎接服务操作。

2. 应变训练:模拟VIP客人的学生可在过程中提出各种合理要求,迎宾员、行李员、门童、总经理和大堂副理进行应变训练。

三、模拟范例

迎宾员打开车门为客人做护顶服务。

迎宾员："李部长，您好，欢迎光临千禧酒店。下车请注意安全。"

与此同时，行李员上前从后备厢处卸下行李并清点装车。门童指引车辆停到预留的车位上。

大堂副理："李部长，欢迎光临。我是千禧大酒店的大堂副理，这位是我们酒店的总经理王总。"

总经理："李部长，您好，您一路辛苦了。非常荣幸您能选择我们酒店，我和我的员工都将竭尽全力为您提供优质的服务，希望能给您留下美好的印象。"

迎宾员指引客人走向酒店大厅门口，为客人提供拉门服务。

礼宾部领班："李部长，请这边走。"引领VIP客人走向专用电梯。

总经理、各部门经理及大堂副理陪同VIP客人进入专用电梯，请客人先进先出，途中可简单介绍酒店和周边的环境。

来到房间门口，客房部经理在房间门口等候。

总经理："李部长，这就是您的房间，请进。"让VIP客人先进入房间，总经理、各部门经理及大堂副理随后进入。

四、实训考核表

表4-5所示为VIP客人迎接服务评价表。

表4-5 VIP客人迎接服务评价表

实训内容	序号	考核要求	分值	得分
VIP客人迎接服务	1	拉车门、护顶	10	
	2	引导车辆停放在合适位置	5	
	3	欢迎客人	10	
	4	大堂副理介绍	20	
	5	总经理致辞	25	
	6	拉门引客	5	
	7	乘坐专用电梯	15	
	8	进入房间	10	
总分			100	

拓展提升

VIP贵宾迎候标准

VA级：大堂铺设红地毯，制作欢迎横幅和欢迎牌，开放专梯。客房摆设鲜花、水果、刀叉、甜品盘、总经理名片和欢迎信,赠送小礼品。由总经理携部门经理以上管理人员、大堂副理在酒店大堂门前迎候,礼宾员为主宾献鲜花,客房部经理在客房门口迎接,总经理/副总经理送主宾进房间,行李房领班运送行李,提供专人和保安跟踪服务。

VB级:制作大堂欢迎横幅,开放专梯。客房摆设鲜花、水果、刀叉、甜品盘、总经理名片和欢迎信。由总经理携酒店部门经理以上管理人员、大堂副理在酒店大堂门口迎候,总经理、副总经理送主宾进房间,提供专人跟踪服务。

VC级:制作大堂欢迎牌。客房摆设鲜花、水果、总经理名片和欢迎信。由副总经理、营销部经理、房务部经理、前厅部经理、大堂副理在酒店大堂门口迎候,由副总经理送主宾进房间。

VD级:客房摆放鲜花、总经理名片和欢迎信,由大堂副理在酒店大堂门口迎候并送主宾进房间。

备注:如贵宾有接待人员或特殊要求,则在酒店条件许可的范围内办理。

任务三　VIP客人总台接待服务

任务引入

总经理、部门经理及大堂副理此刻已经陪同李部长一行人来到房间。

理论知识

一、VIP客人总台接待流程

表4-6所示为VIP客人总台接待流程。图4-1所示为VIP客人入住接待。

表4-6　VIP客人总台接待流程

顺　序	要　点	语言及说明
1	掌握信息	准确掌握当天预抵店VIP客人的信息
2	准备入住登记表、房卡	在VIP客人抵达前准备好入住登记表、房卡

续表

顺　序	要　点	语言及说明
3	欢迎茶	VIP客人进入房间后，服务员提供欢迎茶和小毛巾服务
4	办理入住登记	由大堂副理请VIP客人在入住登记表上签字，也可由陪同人员在总台代为办理入住登记手续
5	介绍客房	总经理介绍客房特色及酒店的设施设备 语言："李部长，您入住的是我们酒店的豪华套房，房间内有中国传统雕刻的红木具、古玩瓷器摆饰，这个房间属于江景房，而且很安静。我们酒店安排了专门的人员为您24小时提供优质服务。"
6	询问有无其他需求	留下大堂副理的联系方式，并询问有无其他需求 语言："这是我的联系方式，您还有其他需求吗？"
7	道别	与VIP客人暂别，并祝愿入住愉快 语言："李部长，那您稍作休息。感谢您入住我们酒店，祝您入住愉快。"
8	输入信息	大堂副理将入住登记表交回总台，以便总台及时确认并输入电脑

图4-1　VIP客人入住接待

二、注意事项

(1) 总台要及时复核有关VIP客人资料的正确性，并准确无误地输入电脑保存。

(2) 前台、总机人员都要熟悉VIP客人的房号、姓名、职务等，当接到VIP客人打来的电话时，应立即准确称呼客人的姓名、职务或头衔，快速为其提供服务，保证礼仪、礼貌接待用语的规范，必要时向大堂副理汇报。

(3) 大堂副理要掌握VIP客人陪同人员的联系方式，注意活动日程的变更，并随时配合他们的工作。

(4) 查看VIP客人入住期间是否过生日，如果是，及时汇报总经理，以便组织赠送具有代表性的酒店贺卡和礼品。

(5) VIP客人如果需要叫醒服务，总机房主管必须亲自安排，或采用人工叫醒。

实践操作

李部长一行人在总经理、部门经理及大堂副理的陪同下进入了房间。

一、实训目的

掌握VIP客人入住接待程序。

二、实训要求

1. 基础训练：按照四人一组，分别模拟客人、客房服务员、大堂副理和总经理进行VIP客人接待流程操作。

2. 应变训练：模拟客人的学生可在过程中提出各种合理要求，客房服务员、总经理和大堂副理进行应变训练。

三、模拟范例

服务员："李部长，请用茶水，这是热毛巾。"热毛巾用完即刻收走。

大堂副理递上入住登记表和笔。

大堂副理："李部长，这是入住登记表，我们已经按要求制作好，您确认一下，没有问题的话请在这里签字。"

总经理："李部长，您入住的是我们酒店的豪华套房，房间内有中国传统雕刻的红木具、古玩瓷器摆饰，这个房间属于江景房，而且很安静。我们酒店各部门都随时准备为您提供优质服务。"

大堂副理:"李部长,这是我的联系方式,我会 24 小时为您提供服务。请问您还有其他需求吗?"

总经理:"李部长,请您稍作休息。感谢您入住我们酒店,祝您入住愉快。"

总经理、部门经理及大堂副理退出房间,大堂副理将入住登记表交回前台。

四、实训考核表

VIP 客人入住接待评价表如表 4-7 所示。

表 4-7 VIP 客人入住接待评价表

实训内容	序号	考核要求	分值	得分
VIP客人入住接待	1	欢迎茶服务	10	
	2	办理入住登记手续	25	
	3	介绍房间	25	
	4	询问有无其他需求	15	
	5	道别	15	
	6	交回入住登记表	10	
总分			100	

拓展提升

1. VIP 客人关注礼遇

根据不同 VIP 等级,前厅经理或大堂副理须每天在合适的时间,给住店的 VIP 客人拨打礼仪性电话,以表示酒店对 VIP 客人的特别关注,但打扰客人的时间不宜过长。通话内容应包括以下几个方面。

(1) 询问客人对房间舒适度、卫生等的满意程度。

(2) 询问客人对酒店各营业部门服务项目和服务质量的意见。

(3) 询问客人是否在住店期间受到员工的特别关注。

(4) 询问客人对酒店整体有何意见或建议。

(5) 询问客人有何特别要求。

(6) 询问客人具体离店时间、是否需要安排车辆等。

2. 关于贵宾洗衣服务

(1) 取回贵宾衣物,立即注明 VIP,进行专门登记与存放。

(2) 贵宾的衣物,由洗衣房经理全面检查跟进,确保洗衣质量。

（3）严格检查，按面料确定洗涤方式，确保不发生问题。
（4）贵宾衣物单独洗涤。
（5）贵宾衣物洗涤以后，交熨烫组领班负责熨烫。
（6）洗衣房主管亲自检查洗衣质量。
（7）包装完毕，立即送至楼层。

任务四　VIP 客人离店服务

任务引入

李部长一行人将在今天中午离开酒店，让我们一起来做好欢送的准备工作吧。

理论知识

一、VIP 客人离店服务流程

VIP 客人离店服务流程如表 4-8 所示。图 4-2 所示为 VIP 休息区。

表 4-8　VIP 客人离店服务流程

序　号	要　　点	语言及说明
1	掌握信息	准确掌握当天预离店 VIP 客人的信息
2	确认退房时间	1. 大堂副理与客人确认退房时间后，通知前台人员提前一小时准备好所有账单，并确认无误 2. 大堂副理与行李员提前 10 分钟在 VIP 客人所在楼层等候
3	协助退房结账	客房部经理快速查房，特别要注意 VIP 房内是否有遗留物品。大堂副理协助前台收银快速为 VIP 客人办理退房结账手续，并确保金额无误

续表

序号	要点	语言及说明
4	欢送	总经理、部门经理及大堂副理在酒店大厅欢送VIP客人,并陪同上车 语言:"李部长,非常感谢您入住我们酒店,请允许我代表我们酒店的全体成员对您的支持表示衷心感谢,并祝您一路顺风,万事如意!"
5	开车门护顶	门童拉开酒店大门,迎宾员打开车门并提供护顶服务,行李员协助行李装车 语言:"李部长,请上车。"
6	道谢、道别	使用酒店标准欢送语并且挥手,目送离开 语言:"谢谢您光临本酒店,祝您一路顺风!"
7	建立档案	为VIP客人建立客史档案,并注明身份,以便作为预订和日后查询的参考资料

图 4-2 VIP 休息区

二、注意事项

（1）离店前，要注意收集其对店内各方面的印象和意见，并及时反馈给领导。

（2）如有需要，大堂副理负责安排好 VIP 客人的交通工具，并安排车辆提前在酒店门口等候，要确保车辆的卫生以及安全性，空调及音乐提前开启，配备当日报纸、矿泉水、酒店简介等。

（3）VIP 客人离店后，要随时维护客户关系。如在节假日发送祝福短信，在客人生日或结婚纪念日的时候送上祝福或小礼品等。

（4）VIP 客人离店后，负责接待工作的主管、经理应组织部门进行开会，总结在接待 VIP 客人的服务工作中的优点及不足之处，表扬表现好的员工，并鼓励参与接待的工作人员发表个人的看法、建议和感受。

实践操作

李部长一行人在酒店用完午餐，准备离店，大堂副理及行李员已在楼层等候，总经理及部门经理也已在大堂做好欢送准备。

一、实训目的

掌握 VIP 客人离店服务流程。

二、实训要求

1. 基础训练：按照六人一组，分别模拟客人、大堂副理、门童、迎宾员、行李员和总经理进行 VIP 客人离店服务操作。

2. 应变训练：模拟客人的学生可在过程中提出各种合理要求，大堂副理、门童、迎宾员、行李员和总经理进行应变训练。

三、模拟范例

李部长一行人已在大堂副理的陪同下来到酒店大厅，前台正办理退房结账手续。

总经理："李部长，非常感谢您入住我们酒店，请允许我代表我们酒店的全体成员对您的支持表示衷心的感谢，并祝您一路顺风，万事如意！"

门童拉开酒店大门，迎宾员打开车门并提供护顶服务，行李员协助行李装车。

迎宾员："李部长，请上车。"

大堂副理:"李部长,谢谢光临本酒店,祝您一路顺风,期待您的下次光临。"
总经理、部门经理及大堂副理挥手,目送离开。

四、实训考核表

VIP客人离店服务考核表如表4-9所示。

表4-9 VIP客人离店服务考核表

实训内容	序号	考核要求	分值	得分
VIP客人离店服务	1	准确掌握当天预离店VIP客人的信息	5	
	2	前台提前准备账单	20	
	3	提前到楼层等候	10	
	4	协助办理退房结账手续	20	
	5	致欢送词	15	
	6	开车门护顶	10	
	7	道谢、道别	10	
	8	建立档案	10	
总分			100	

拓展提升

表4-10所示为VIP客户资料存档表。

表4-10 VIP客户资料存档表

客户档案编号: VIP编号: 第一次建档时间:

客户基本信息(客户等级A)

姓名		性别		年龄	
单位		职务	部长	生日	
联系电话	13888888888				
结婚纪念日					
家庭住址					
喜好口味		喜好酒水		喜好菜肴	

续表

个人禁忌	不喜欢高枕和软床				
家庭基本信息					
配偶姓名		年龄		生日	
个人喜好		阅读	个人禁忌		
子女姓名		年龄		生日	
个人喜好			个人禁忌		

客人消费动态信息

编号	日期	人数	金额	宴会类型	编号	日期	物品名称	金额
				欢迎晚宴				
				庆祝酒会				

备注：

项目小结

本项目知识点主要阐述了前厅部 VIP 客人的服务流程，从 VIP 客人到店前的准备工作，到店时的礼宾接待、总台接待，再到离店时的欢送服务，从不同前厅岗位进行项目实训，掌握 VIP 客人接待的一系列服务流程。

项目训练

一、知识训练

1. 说出 VIP 客人抵店前的准备工作流程。
2. 说出 VIP 客人抵达时的迎接服务流程。

二、实训操作

1. 六人一组，分别模拟客人、迎宾员、行李员、门童、总经理和大堂副理进行 VIP 客人到店迎接服务操作。
2. 四人一组，分别模拟客人、客房服务员、大堂副理和总经理进行 VIP 客人接待流程操作。
3. 六人一组，分别模拟客人、大堂副理、门童、迎宾员、行李员和总经理进行 VIP 客人离店服务操作。

三、案例分析

一日，酒店即将到店的客人中，有两位是日本某跨国公司的高级行政人员。该公司深圳方面的负责人员专程赴酒店为这两位客人预订了行政楼层之客房，并要求酒店安排 VIP 客人接待服务，该公司其他客人的房间则安排在普通楼层。客人到店之前，相关部门均作好了准备工作。管家部按客人预订要求，提前清洁行政楼层及普通楼层的客房；前台及行政楼层接待处准备好客人的钥匙及房卡；大堂副理部则通知相关部门为 VIP 客人准备鲜花和水果，并安排专人准备接待。然而，就在一切准备就绪，等待 VIP 客人到店之际，其中一位 VIP 客人出现在酒店，并声称已入住在普通楼层的客房。

经过一番查证，发现客人确已下榻酒店普通楼层的客房。但这并非客人要求，而是由于接待员的工作失误造成的。由此 VIP 客人与其他客人一行三人抵达酒店时，前台接待员 A 只核实了第一位客人的姓名与预订单上客人姓名相符，未进一步在电脑系统中查询另外两位客人的预订，而这三位客人自称来自同一家公司，又一起抵达酒店，A 主观判断是预订单上标示的客人名字出现了偏差，安排三位客人入住。A 在只核实了其中一位客人入住普通楼层的情况下，不经进一步核实就将本应入住行政楼层客房的客人与其他客人一同安排在普通楼层。

在查清造成上述错误的原因之后，当值大堂副理马上与客人联系，但当致电客人房间时，客人均已外出。于是酒店一方面在行政楼层为客人保留了房间，另外在 VIP 客人房间内留下一封致歉信，就此事向客人致歉。在接到 VIP 客人回到酒店的通知后，大堂副理亲自向他致歉，并询问其是否愿意转回行政楼层。客人在接受酒店道歉之后，表示对下榻的客房比较满意，无需再转去其他房间。第二天当 VIP 客人离开酒店之时，当值大堂经理又专程向客人当面致歉。客人表示并不介意此次不愉快的经历，并表示酒店对他的重视他很满意。

【案例评析】

（1）对 VIP 客人的接待，每个当班员工未能引起足够的重视；当值主管未尽其监督之职。

（2）工作不细致，未在客人抵店时仔细查询客人预订。VIP 客人未入住已准备好的房间，使酒店相关部门为此次接待工作所作的一切准备付诸东流。虽然经酒店方的努力，客人接受了道歉，但此次接待任务的失败也会使客人对酒店的印象打了折扣。

（3）工作准确性不够。接待员在客人名字与预订单不符时，主观判断是预订单上名字写错，将已预订的名字直接更改为当时入住客人的名字，造成其他员工无法查到已预订普通楼层房间但随后到店客人的名字，使该客人无法按预订入住。

正确的参考处理办法如下。

（1）此次 VIP 客人接待工作的失败，是由于接待员的疏忽造成的；酒店前台接待员应端正工作态度，加强工作的细致性和准确性，以便为客人提供周到、优质的服务。

（2）"失之毫厘，差以千里"，因为前台接待员工作中一个环节的疏忽，造成客人到店后产生一系列的问题，影响后续各个工作部门的工作；所谓"100－1＝0"，由于一位员工的一时疏忽，而使酒店所有部门所做的工作都白白浪费。

（3）虽然酒店事后尽所有努力弥补，各相关部门花费大量时间和精力希望客人能接受酒店的歉意,却再也无法给客人留下一个完美的印象了。

(4) 工作的准确性和细致性是服务性行业的基本工作准则。酒店各岗位的工作人员,仍需在工作中认真对待每一个工作细节,踏踏实实完成每一个工作步骤,以保证服务工作的顺利进行。对于在将服务看作行业第一生命要素的酒店业来说,只有给客人提供准确到位、细致周到的服务,才能使客人对酒店留下一个良好的印象,使酒店在竞争中立于不败之地。

项目五
住店期间的服务

项目目标

职业知识目标：
1. 掌握外币兑换的服务程序。
2. 熟悉客账服务规范和服务程序。
3. 掌握贵重物品保管服务程序及注意事项。
4. 掌握问讯和留言服务的内容和服务规范。
5. 掌握总机服务程序及注意事项。
6. 掌握商务中心服务的内容及服务程序。

职业能力目标：
1. 能熟练地为客人提供外币兑换服务。
2. 能熟练地管理客人账户。
3. 能熟练地为客人提供贵重物品管理服务。
4. 能熟练地为客人提供问讯和留言服务。
5. 能熟练地为客人提供总机服务。
6. 能熟练地为客人提供文件、票务和会议室出租等服务。

职业素养目标：
1. 热爱酒店前厅工作，培养职业荣誉感。
2. 培养为客人服务的职业态度。
3. 培养善于思考、灵活应变的能力。

知识框架

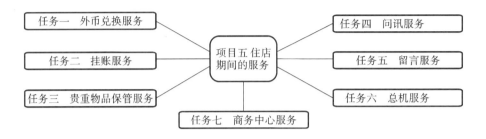

项目导入

外资公司的行政总裁保罗先生要入住北京某大酒店,酒店前厅部的工作人员应该怎样为保罗先生提供专业优质的住店服务呢?

任务一 外币兑换服务

任务引入

保罗来到北京某大型酒店入住,可是身上带的人民币已经用完了,这个时候服务员帮他兑换人民币。那么,服务员应该如何为保罗先生提供外币兑换服务呢?

理论知识

按国家有关规定,目前在我国可兑换的外币主要有英镑、美元、瑞士法郎、新加坡元、瑞典克朗、丹麦克朗、挪威克朗、日元、加元、澳元、欧元、菲律宾比索、泰铢、新西兰元、韩元等。图5-1所示为酒店外币兑换处。

项目五　住店期间的服务　103

图 5-1　酒店外币兑换处

一、外币兑换服务程序

外币兑换服务程序如表 5-1 所示。表 5-2 所示为外币兑换水单。

表 5-1　外币兑换服务程序

序　号	程　序	要　求
1	问清兑换外币币种	问清客人兑换外币币种,核准该币种是否属酒店可兑换之列,并请客人出示护照等有效证件和房卡
2	清点、唱收外币种类、金额	清点并唱收客人需兑换的外币种类、金额
3	鉴别钞票真伪	检验鉴别钞票的真伪
4	填写外币兑换水单	根据当日外汇牌价精确换算,并将外币名称、金额、兑换率、应兑金额及客人姓名、房号等准确填写在相应栏目中
5	请客人确认并签名	请客人确认并在水单上签名,核对房卡、护照及水单上的签字是否相符

续表

序号	程序	要求
6	检查复核	检查复核,以确保兑换金额准确
7	将现金和水单交给客人	核准无误后将现金和水单交给客人清点,礼貌地与客人道别

表 5-2 外币兑换水单

××饭店　××HOTEL

外币兑换水单

Foreign Exchange Voucher

日期 Date:＿＿＿＿

客人姓名 Guest Name		房号 Room No.	
外币种类 Currency Type		汇率 Exchange Rate	
金额 Amount		人民币 RMB	
手续费 COMM		合计 Total	
客人签名 Guest Signature		收银员签名 Cashier Signature	

实践操作

一辆出租车在酒店门口停下,门童小方赶忙上前为客人拉开车门,车内的刘先生正准备付车费,小方等了一会儿,不见刘先生出来。原来,刘先生身边只有港币和美元,而司机不收外币。小方见状,忙问司机车费多少,立即从口袋里掏出 45 元给司机,并对刘先生说:"先生,我先帮您把车费垫上,等您将外币兑换后再还给我好了。"刘先生连声道谢。刘先生匆匆走进大堂,径直来到外币兑换处。

一、实训目的

掌握外币兑换的基本流程。

二、实训要求

1. 基础训练：两人一组，选出服务员及客人，模拟外币兑换服务。分组进行研究，小组间互评和教师评价，给出提升建议并进行综合评价。
2. 应变训练：模拟客人的学生可在外币兑换过程中设置一些疑难问题，训练学生的应变能力。

三、模拟实训

兑换员："先生您好，请问有什么可以帮您的吗？"
刘先生："小姐，请帮我兑换 2000 美元好吗？"
兑换员："先生，您贵姓？"
刘先生："我姓刘。"
兑换员："请问您住在哪个房间？"
刘先生："我住在 8012 号房间。"
兑换员："请稍等。"
查询电脑，核实身份，查看汇率。
兑换员："现在美元兑人民币的汇率为 7.07，但酒店有规定，一位客人最多能兑换 500 美元的现金。很对不起，先生。"
刘先生："这怎么办？我刚下飞机，身边只有外币，兑换不了我也没有办法交押金住店呀，我还得抓紧时间买礼物送给朋友呢！"
兑换员："先生，要不这样吧，我先给您兑换 500 美元的现金，剩下的部分，我写张水单给您，您马上去银行兑换，您看这样可以吗？"
刘先生："好，好，那真是太好了，谢谢你了，谢谢你们的酒店！"
清点外币，检验外币的真伪，兑换等值于 500 美元的现金，填写水单，交给客人。
兑换员："请您核对一下水单，姓名、币种、金额是否正确。"
核对。
刘先生："对的，谢谢。"
兑换员："不客气，请问还有其他可以帮您的吗？"
刘先生："没有了。"
兑换员："谢谢你，再见！"

四、实训考核表

外币兑换服务实训考核表如表 5-3 所示。

表 5-3　外币兑换服务实训考核表

实训内容	序号	考核要求	分值	得分
外币兑换服务	1	热情主动迎客	5	
	2	聆听客人兑换要求	5	
	3	告知汇率及兑换限额	10	
	4	清点外币,检验外币的真伪	25	
	5	确认其身份	5	
	6	填制水单	15	
	7	签名并核对	10	
	8	交给客人	10	
	9	道谢、道别	5	
	10	仪容仪表及礼节	10	
总分			100	

拓展提升

外汇旅行支票的兑换

旅行支票是银行或大旅行社专门发行给国外旅游者的一种定额支票,旅游者购买这种支票后,可在发行银行的国外分支机构或代理机构凭票付款。旅游者在购买支票时,需要当面在出票机构签字,作为预留印鉴。旅游者在支取支票时,还必须在付款机构当面签字,以便与预留印鉴核对,避免冒领。收兑旅行支票的服务程序如下。

(1) 主动热情问候客人,问清客人的兑换要求,并请客人出示有效证件和房卡。
(2) 核查其支票是否属可兑换或使用之列,有无时间、区域限制。
(3) 按当日外汇牌价,填制水单,准确换算,扣除贴息。
(4) 请客人当面复签,查看复签笔迹是否与初签一致。
(5) 与客人核对、清点数额。
(6) 请客人在水单上签名确认并复核。
(7) 核对无误后,将兑换款额支付给客人,礼貌地向客人告别。

任务二 挂账服务

任务引入

李先生到上海开会,入住上海某酒店,李先生除住宿外,还会到餐厅就餐,需要使用会议室以及在商务中心处理文件。酒店为方便客人、促进消费,向客人提供了挂账服务。李先生经过必要的信用证明,查验证件后,可在酒店营业点(商场部除外)签单赊账,前台收款处不断累计他的消费额,直至他离店或其消费额达到酒店政策所规定的最高欠款额时,才会要求其付款。作为前台接待员,我们应该怎样为李先生提供挂账服务呢?

理论知识

一、建立客账

为了更好地为客人提供挂账服务,建立客人账户也是必不可少的一个环节。建立客账程序如表5-4所示。

表5-4 建立客账程序

序号	程序	要求
1	填写宾客入住登记表	客人到达酒店首先在总服务台办理入住登记,填写一份宾客入住登记表
2	建立账单	接待员根据入住登记表资料建立账单。建立账单时注意把有关事项,如折扣率、VIP卡号码、协议价、付款的方法等记录在备注栏内,使用信用卡的客人必须在账单签名和压印信用卡卡号
3	装订预付凭证	将预付凭证(押金收据、信用卡签购单、支票收据等)与客人账单、客人入住登记单主联装订在一起

续表

序号	程序	要求
4	输入客人资料	接待员将客人资料准确输入电脑,同时在账单上注明开房日期、预付款方式、数量以及房号(有同行房的还要注明同行房号)
5	收银员核查账单	将制作好的账单交由收银员核查
6	将账单放入资料柜	核查无误后,将账单放入住店客人资料柜内

二、挂账服务

酒店为了促进、方便客人消费,会允许客人挂账。挂账服务常见的有旅行社挂账和公司挂账两种情况。挂账服务流程如表5-5所示。

表5-5 挂账服务流程

序号	服务程序	服务规范
1	问候客人	礼貌、真挚地问候客人
2	核对客人信息	(1)询问客人房间号码,核对是否是住店客人结账 (2)核对客人所在的公司是否有与酒店签订挂账协议,该客人是否是有效签单人,是有效签单人方可挂账 (3)如果客人不是有效签单人,查看是否有挂账担保 (4)如果没有挂账担保,则不可以挂账
3	挂账	(1)若可以挂账,把账单挂在相应公司名下或该客人账户下,并请客人在账单上签字确认 (2)若不可以挂账,请客人选择其他的支付方式
4	道谢、道别	感谢客人并和客人礼貌道别
5	整理资料	整理相关资料,转交财务

三、注意事项

由于客人在酒店停留时间较短,发生的费用项目多,又可能随时离店,故要求转账迅速。各业务部门必须按规定的时间将客人签字认可后的账单送到总台收银处,以防止跑账、漏账发生。

1. 现金结算

(1)外币现金。必须是在我国银行或指定机构可兑换的外币,并根据当天银行汇率折算。

(2) 旅行支票。应检查旅行支票的真伪。

(3) 支票。再次检查支票的真伪以及支票正面、背面的内容,注意辨别,防止错收银行已停止使用的旧版支票。

(4) 人民币现金。如果客人用现金付款,收银员一定要学会分辨纸币的真伪。

2. 信用卡结算

现在,酒店的收银部门大多配备了信用卡授权终端机,只要将客人结账的信用卡在终端机进行刷卡,把入住时取得的授权号码输入,便可直接进行离线交易。采用这种结账方式时,收银员要注意核对持卡人签名。如果客人改变原入住时决定的付款方式,要求使用信用卡支付,应按客人入住时的信用卡验卡程序做好相应工作,然后按信用卡结账的程序处理。

实践操作

李先生到上海开会,入住上海某酒店。一天,李先生和朋友一起到酒店餐厅用餐,餐厅员工 Susan 接待了他,李先生用记账的方式结账。请你替 Susan 为李先生提供挂账服务。

一、实训目的

掌握挂账服务的基本流程。

二、实训要求

1. 基础训练:两人一组,选出服务员及客人,模拟挂账服务。
2. 应变训练:模拟客人的学生可在训练中提出各种合理要求,训练学生的应变能力。

三、模拟实训

Susan:"先生,您好,请问想点些什么?"

李先生:"今天有什么好吃的?"

Susan:"我推荐香酥鸭。"

李先生:"我们不想吃香酥鸭。或许我们可以先喝点蘑菇汤,然后再要点海鲜和土豆片。"

Susan:"要甜品吗?"

李先生:"不,谢谢,咖啡就行了。"

点餐单送到餐厅收银处,过了一会。

李先生:"结账。"

Susan:"请问是现金还是记账呢?"

李先生:"记账。请计入我的中国银行信用卡。"
Susan:"先生,您能出示您的房卡吗?"
李先生:"给。"
到前台核对是否为住店客人,该客人是否为有效签单人,打印好账单,交给客人签字。
Susan:"李先生,不好意思,让您久等了。这是您的账单,麻烦您先签了这张账单。"
李先生:"签好了,给你。"
Susan:"谢谢您,欢迎下次光临,再见。"
李先生:"再见。"
将账单送至餐厅收银处、总台收银处,计入客账。

四、实训考核表

挂账服务实训考核表如表5-6所示。

表5-6 挂账服务实训考核表

实训内容	序号	考核要求	分值	得分
挂账服务	1	热情主动迎客	5	
	2	聆听客人要求	10	
	3	核对是否为住店客人挂账	15	
	4	核对客人是否是有效签单人	15	
	5	打印账单,请客人签字	10	
	6	账单交给客人	10	
	7	将账单交收银处	10	
	8	将账单交总台记账	10	
	9	道谢、道别	5	
	10	仪容仪表及礼节	10	
总分			100	

拓展提升

【案例分析】

一天下午,一位客人来到总台收银处结账,当他看到账单上的总金额时,顿时火冒三丈,对收银员小马说:"你们酒店真是乱收费,我怎么可能有这么高的消费?"小马面带微笑地回答说:"对不起,先生,请让我再给您核对一下原始单据好吗?"

小马刚要开始核实账单,想了一下,很快对客人说:"真是对不起,能否劳驾您和我一起核对原始单据?"客人点了点头表示同意。于是,小马便和客人一起逐一核对账单上的每一项收费。其间,小马还顺势对几笔数额较高的餐饮消费做了口头提示,以提醒客人回忆。

等账目全部核对完毕后,小马很有礼貌地对客人说:"谢谢您帮我核对账单,耽误您的时间了!"此时,客人终于明白自己没有理由发火,连声说:"不好意思,真不好意思,小姐,麻烦你了。"

点评:

收银员小马自始至终都保持着良好的态度,没有因客人自己的原因而不耐烦并且采取了请客人一起核对账单的方法,让客人能清楚地回忆起自己的消费项目,避免客人产生怀疑,处理方法得当,客人满意,酒店也避免了损失。

任务三 贵重物品保管服务

任务引入

李先生是一个摄影爱好者,在入住酒店时带了两个单反相机,由于中午要和朋友外出聚会,出于安全考虑,李先生想在外出时将相机寄存。如果你是前台接待员,你应该怎样为李先生寄存贵重物品呢?

理论知识

酒店为保障住店客人的财产安全,一般为宾客提供客用安全保险箱服务,供宾客免费寄存贵重物品。该设备是由一组小保险箱或保险盒组成,其数量通常为饭店客房数的15%—20%。如酒店的常住客和商务散客较多,则可适当增加保险箱数量。有些高星级酒店则在客房内配有小型自动保险箱,供住客存放贵重物品。

一、贵重物品保险箱使用程序

(一)保险箱启用程序

保险箱启用程序如表5-7所示,表5-8所示为贵重物品寄存单。

表 5-7 保险箱启用程序

序 号	程 序	要 求
1	问候客人	礼貌热情地接待客人,对客人表示欢迎
2	确认是否为住店客人	请客人出示房卡或钥匙牌,确认是否为住店客人,证实是住店客人后方可寄存
3	填写保险箱寄存单	取出安全保险箱寄存单,将内容逐项填写,请客人签字,同时,在电脑上查看房号与客人填写是否一致
4	客人存放贵重物品	打开保险箱,请客人存入贵重物品,当着客人的面用两把钥匙将保险箱锁好
5	将客用钥匙给客人保管	一把客用钥匙交给客人保管,总钥匙由接待员保管
6	提醒客人妥善保管钥匙	提醒客人保险箱钥匙必须妥善保管,谨防丢失,需要开箱时,应带好钥匙和寄存单
7	向客人道别	礼貌地和客人道别
8	妥善保管记录卡	将填好的记录卡放入纸袋里,标上箱号、客人姓名、房号保存在规定的器物内

表 5-8 贵重物品寄存单

宾客姓名		房号	
保险箱号		启用日期	
宾客签名		收银员签名	
每次开启时,请填写下表			
开启时间	宾客签名	开启时间	宾客签名

保险箱使用说明:
1. 请妥善保管寄存卡客人联及保险箱钥匙
2. 请您退房时,退回保险箱,并将寄存单客人联交回
3. 请妥善保管保险箱钥匙,如钥匙遗失,必须更换新锁,赔偿金额为　　　元。

退箱时间		宾客签名		收银员签名	

续表

贵重物品寄存单(客人联)

No.

宾客姓名		房号	
保险箱号		启用日期	
宾客签名		收银员签名	

（二）中途开箱程序

客人存入物品后,如要求再次使用保管箱时,工作程序如表5-9所示。图5-2所示为贵重物品保管处。

表5-9 中途开箱程序

序　号	程　　序	要　　求
1	问候客人	礼貌热情地接待客人
2	确认客人身份	请客人出示房卡、保险箱钥匙,报出保险箱号
3	填写安全保险箱记录卡副卡	取出安全保管箱记录卡副卡,请客人逐项填写签字
4	核对客人签字	取出其填写过的正卡,仔细地核对客人的签字。如签字相符,当着客人的面用两把钥匙将保管箱打开,请客人使用
5	锁上保险箱	客人存取完毕,再当着客人的面用两把钥匙将保险箱锁上
6	将客用钥匙交还客人	将客用钥匙交还客人保管,并礼貌地提醒客人注意钥匙保管安全
7	向客人道别	礼貌地向客人道别
8	将填写过的正卡与副卡一起存在规定的器物中	将填写过的正卡与副卡一起存在规定的器物中(如客人再次前来使用保管箱,其接待程序同上)但是每次填写都要使用一张新的副卡,并一起存放

（三）客人退箱程序

客人退箱程序如表5-10所示。

图 5-2　贵重物品保管处

表 5-10　客人退箱程序

序　号	程　　　序	要　　　求
1	问候客人	礼貌热情地接待客人
2	确认客人身份	请客人出示房卡、保险箱钥匙,报出保险箱号,取出寄存单,填写并签字
3	客人取出物品,交回钥匙	客人将物品全部取出后,请客人交回钥匙
4	客人签字	请客人在终止栏中记录退箱日期、时间并签名
5	在登记本上做终止记录	服务员在客用保险箱使用登记本上做终止记录并签名
6	妥善保管保险箱寄存单	将贵重物品保险箱寄存单妥善收存备查
7	向客人道别	礼貌地和客人道别

实践操作

李先生是一个摄影爱好者,在入住酒店时带了两个单反相机,由于中午要和朋友外出聚会,出于安全考虑,李先生想在外出时将相机寄存。如果你是前台接待员,你应该怎样为李先生寄存贵重物品呢?

一、实训目的

掌握贵重物品保管服务的基本流程。

二、实训要求

1. 基础训练：两人一组，选出服务员及客人，模拟贵重物品保管服务。
2. 应变训练：模拟客人的学生可在贵重物品保管过程中设置一些疑难问题，训练学生的应变能力。

三、模拟实训

接待员："下午好，先生，请问有什么可以帮到您的吗?"

李先生："帮我把这两个单反相机寄存一下。"

接待员："好的，我来帮您收好物品并填写一下寄存卡好吗?"

李先生："好的。"

接待员："请问您住哪个房间，怎么称呼您呢?"

李先生："我是1206房的李先生。"

接待员："李先生，方便留一下您的电话号码和身份证号码吗?"

李先生："我的电话是138××××××××，身份证号码你们总台有登记。"

接待员："好的，请问您什么时候领取相机呢?"

李先生："一会和朋友吃完饭回来就取走。"

接待员："李先生，请问到时候是您本人领取物品吗?"

李先生："是的，我本人领取。"

接待员："您好，李先生，我为您的单反相机寄存到了7号保险柜，这是您保险柜的钥匙，请收好，确定的话方便在这边签一下您的名字吗?"

李先生："好的。"

接待员："这是您的保管箱寄存卡，请收好。需要凭卡和钥匙领取您的相机，谢谢您！再见。"

李先生："再见。"

四、实训考核表

贵重物品保管服务实训考核表如表5-11所示。

表 5-11　贵重物品保管服务实训考核表

实训内容	序号	考核要求	分值	得分
贵重物品保管服务	1	热情主动迎客	5	
	2	聆听客人要求	10	
	3	核对是否为住店客人	10	
	4	填写保险箱寄存单	20	
	5	存放客人贵重物品	10	
	6	将客用钥匙给客人保管	10	
	7	将寄存卡给客人保管	10	
	8	取物注意事项	10	
	9	道谢、道别	5	
	10	仪容仪表及礼节	10	
总分			100	

拓展提升

李小姐是杭州黄龙酒店的住客，这次来到杭州与客户签订合同，她把合同文本和 5 万元现金放入酒店保险箱，结果不小心把保险箱钥匙弄丢了，她心急如焚，面对这种情况，如果你是酒店相关工作人员，你该怎么办呢？

1. 保险箱钥匙遗失的处理

若宾客遗失了保险箱分钥匙，酒店一般都有明文规定要求宾客做出经济赔偿，如在寄存单（如贵重物品寄存单）上标出或在寄存处的墙上公布有关赔偿规定，以减少处理过程中有可能出现的麻烦。

若宾客将保险箱钥匙遗失，又要取所存物品时，必须征得宾客赔偿的同意后，在宾客、当班收银员及酒店保安人员在场情况下，由酒店工程部有关人员将该保险箱的锁做破坏性钻开，并做好记录，以备核查。

2. 宾客贵重物品丢失的处理

宾客贵重物品的保管是一项极具严肃性的工作，需要总台人员有极强的责任心，在提供此项服务时，必须注意下列事项。

（1）定期检查每个保险箱是否处于良好的工作状态。

（2）必须认真、严格、准确地核对宾客的签名。

（3）不得好奇地欣赏宾客存入的物品。

（4）当班人员要安全地保管好总钥匙，并做好交接记录。

（5）宾客退箱后的记录卡必须按规定安全地存放，以备核查。

任务四 问讯服务

任务引入

思考:
1. 有来访客人查询某位客人是否入住本酒店时,你应该如何处理?
2. 客人要求保密,怎么办?
3. 预订未到的客人如何处理?

理论知识

酒店客人到了一个陌生的城市、一个陌生的酒店,一定会有很多情况需要咨询。因此,酒店要使客人满意,就应该为客人提供问讯服务。酒店问讯处一般设在总台,大型酒店设置问讯员,一般小型酒店不设专职问讯员,而由总台接待员兼任。

一、问讯服务范围

前台提供的问讯服务的范围主要包括查询服务、旅游和交通信息服务、留言与传真服务、邮件处理服务等。

(一) 访客查询

问讯处经常会接到打听住客情况的问讯,如宾客是否入住酒店、宾客的房号、宾客是否在房间、宾客出去前有否给访客的留言等。问讯员应根据具体情况具体分析。

1. 询问宾客是否入住本店

对访客的这一询问,查电脑确定宾客是否已入住;查预抵宾客名单,核实该宾客是否即将到店;查当天已结账的宾客名单,核实该宾客是否已退房离开;查以后的订房单,看宾客以后是否会入住。

如宾客尚未抵店,则以"该宾客暂未入住本店"回复访客;如宾客已退房,则向对方说明情况。已退房的宾客,除非有特殊的交代,否则不应将其去向及地址告诉第三者(公检察机关除外)。

2. 询问宾客入住的房号

当访客询问宾客入住的房号时,为了住客的人身财产安全,问讯员不可随便将住客的房号告诉访客。只有经客人同意后才能将房号告诉访客。

3. 询问宾客是否在房间

问讯员先确认被查询的宾客是否为住客,如为住客则应核对房号,然后打电话给住客,如住客在房内,则应问清访客的姓名,征求住客意见,将电话转进客房。如果宾客已外出,则要征询访客意见,问其是否需要留言。如住客在店内,问讯员可通过电话代为寻找,并请访客在大堂等候。

(二) 有关酒店内部的问讯

(1) 酒店的组织结构、各部门的电话号码、有关负责人的姓名及电话。
(2) 酒店服务设施及酒店特色。
(3) 酒店的服务项目、营业时间及收费标准。

为了做好问讯服务工作,问讯员应熟知上述内容,以便给宾客满意、准确的答复,千万不能模棱两可地回答。对于个别不能回答的问题,应向宾客说明,并将宾客的姓名、房号及问询内容记录下来,事后再请教他人或者查阅资料,一旦知道就应立即告知宾客。

(三) 有关酒店外部的问询

(1) 本地主要的旅游景点、娱乐场所、购物中心、大专院校的名称、地址及抵达方式等。
(2) 当地的风土人情、生活习惯及爱好、忌讳等。
(3) 当地飞机、火车、轮船、汽车等交通工具的相关情况。
(4) 酒店所在地的医院、使领馆的地址及电话号码。

很多酒店利用多媒体向宾客提供问讯服务。宾客可通过电视屏幕了解当天的各种新闻、体育赛事、股票行情、天气预报以及交通等信息。为了方便住店宾客,增加酒店竞争优势,有些酒店可以让宾客在房间内的计算机屏幕上查到各种有用信息,如留言、预订机票、办理旅行委托、外汇牌价、购物指南、特色服务信息等。图 5-3 所示为酒店问讯处。

二、问讯服务工作流程

问讯服务工作流程如表 5-12 所示。

图 5-3　酒店问讯处

表 5-12　问讯服务工作流程

序　号	程　　序	要　　　求
1	礼貌接待客人	提前到达岗位,检查仪表仪容,礼貌接待客人
2	做好记录工作	记录好问题内容、客人的名字和房号
3	重复客人的问题	重复客人的问题以证明自己明白客人的需求。即使客人提出的需求是由其他部门来完成的,也要帮助客人联系相关部门,不能推诿
4	解决客人需求	告诉客人解决其需求方案和大约所需时间。如果有费用问题一定要事先告诉客人,客人的需求不能解决,要想办法尽量给予满足
5	询问客人是否满意	客人需求解决后,要询问客人是否满意
6	做好记录	做好记录,以便查询。尽量在当班时完成,一旦未完成,将未办理之事详细交代在册,应清楚交班给下班当值人员,如当班时有委托代办,须详细记录在专门的本(册)上
7	向客人道别	礼貌地向客人道别

三、注意事项

（1）要耐心、热情地解答宾客的提问。问讯处是对客服务的重要部门，问讯员要对宾客有礼貌，要耐心、热情地解答宾客的提问，做到百问不厌。对于个别不能回答的问题，应向宾客说明，并将宾客的姓名、房号及问讯内容记录下来，事后再请教他人或者查阅资料，一旦知道就应立即告知宾客。

（2）要熟知有关酒店内部和外部的情况。为了做好问讯工作，问讯员应具有较高的素养和较宽的知识面，要熟知酒店内部的设施设备及服务项目，熟悉所在城市的风景名胜、交通情况、娱乐场所及兄弟酒店的情况，懂得各国、各民族、各地区的风土人情和风俗习惯。

（3）熟悉现代问讯设备，适时推销酒店。大型酒店通常使用现代化的问讯设备，问讯员可以事先在计算机系统中储存旅游、交通、电话等常用信息，以提高问讯处的工作效率。同时，问讯员应将宾客的咨询当成一次产品推销机会，以此来增加酒店收入。

实践操作

两位外地客人来到本地酒店，想了解一下本地特色饮食情况。请你帮助问讯员完成问讯服务。

一、实训目的

掌握问讯服务的基本流程。

二、实训要求

1. 基础训练：两人一组，分为前厅接待员和客人，模拟访客问讯服务。
2. 应变训练：模拟客人的学生可在问讯过程中设置一些疑难问题，训练学生的应变能力。

三、模拟实训

服："您好，先生，请问有什么可以帮到您的吗？"
客："你好，请问周边有什么四川特色美食吗？"
服："先生，请问您贵姓？房号是多少？"
客："我姓陈，住的是 1506 号房。"
服："陈先生，我们酒店的餐厅就有很多特色四川美食，您要不要试试？"

客:"不了,谢谢。我们现在要出去逛春熙路,逛一下四川最有代表性的街道,顺便在周边吃饭。你知道周边有什么四川特色美食吗?"

服:"春熙路附近有很多四川特色小吃,糖油果子、三大炮、龙抄手、钟水饺,川菜也有,比如宫保鸡丁、回锅肉、麻婆豆腐、夫妻肺片等。如果能吃辣的话,可以去尝尝四川火锅。"

客:"谢谢你。"

服:"陈先生,请问还有其他需要咨询的吗?"

客:"没有了。"

服:"好的,如果您有任何疑问,请您致电给我们,我们很愿意为您效劳。"

客:"恩,好的。"

服:"好,感谢您的来电,祝您愉快,再见!"

四、实训考核表

接待客人问讯服务实训考核表如表 5-13 所示。

表 5-13 接待客人问讯服务实训考核表

实训内容	序 号	考 核 要 求	分 值	得 分
接待客人问讯服务	1	热情主动迎客	10	
	2	聆听客人问讯	10	
	3	询问客人名字和房号	10	
	4	记录客人问题内容	10	
	5	确认客人问题	10	
	6	解答客人问讯	25	
	7	询问客人的满意程度	10	
	8	道谢、道别	5	
	9	仪容仪表及礼节	10	
总分			100	

拓展提升

为了更好地为宾客提供问讯服务,问讯处要准备一些资料,做到有备无患。那么酒店问讯处应该准备哪些资料呢?

(1) 飞机、火车、汽车等交通工具的时刻表、价目表。

(2) 本地的行政区划图、交通图、旅游图,全国地图乃至世界地图。

(3) 本市、本省、全国的电话号码簿以及世界各主要城市的电话区号。

(4) 交通部门对购物、退票、行李重量及尺寸规格的规定。

(5)本酒店及其所属集团的宣传手册。
(6)酒店当日活动安排。
(7)当地使领馆、著名高等院校、学术研究机构的名称、地址及电话。
(8)本地景区、主要娱乐场所、购物中心的名称、地址和电话。

任务五 留言服务

任务引入

潘一鸣先生来电到觅你时空酒店前台,要找1406房的陈平先生,恰巧陈平先生不在房间,前厅部的接待员怎样为潘先生提供留言服务呢?

理论知识

前台受理宾客留言一般包括访客留言和住客留言两种。

一、访客留言

访客留言是指来访客人给住店客人的留言。当拜访的客人不在房间时,问讯员可以向访客建议为住店客人留言,填写三联的访客留言单,其中第一联放入钥匙或邮件架内,第二联送电话总机,开启留言灯,第三联则装入信封,交给行李员将留言信封送入客房内。这样,客人可以通过这三种方式尽早获知访客留言的信息和内容。当客人已经收到留言内容后,问讯员或话务员应及时关闭留言灯。访客留言具体流程如表5-14所示。表5-15所示为访客留言单。

表5-14 访客留言具体流程

序号	程序	要求
1	接受客人留言,填写访客留言单	1. 认真核对要找的店内客人的姓名、房号等信息是否准确 2. 准确记录留言者的姓名和联系方式 3. 准确记录留言内容,并复述以得到客人确认

续表

序号	程序	要求
2	将留言输入电脑	1. 用电脑查出店内客人的房间,通过固定程序输入留言 2. 核实输入内容准确无误 3. 输入提供留言服务员的姓名 4. 打印留言
3	开启客房留言灯	1. 按程序开启客房留言灯 2. 每日交接班时核对留言及留言灯是否相符 3. 当客人电话查询时,将留言准确地告知客人
4	取消留言服务	1. 按程序关闭客房留言灯 2. 清除留言内容

表 5-15 访客留言单

(VISITORS MESSAGE)

女士或先生(MS OR MR)　　　　　房号(ROOM NO.)
当您外出时(WHEN YOU WERE OUT)
来访客人姓名(VISITOR'S NAME)　　　　来访客人电话(VISITOR'S TEL.)
□将再来电话(WILL CALL AGAIN)　　　□请回电话(PLEASE CALL BACK)
□将再来看您(WILL COME AGAIN)
留言(MESSAGE)

经手人(CLERK)　　　　日期(DATE)　　　　时间(TIME)

二、住客留言

住客留言是指住店客人给来访客人的留言。如果住店客人外出时希望给来访者留言,问讯员请客人填写住客留言单(见表 5-16),存放在问讯架上。如果客人来访,经问讯员核实,可将住店客人所填写的留言单(应提前装入信封)交给来访者或将留言内容转告。客人电话留言时,要听清楚、记准确宾客的留言内容,经复述,宾客确认无误后,再填写留言单,然后按留言服务程序办理。

表 5-16　住客留言单

(GUEST MESSAGE)

日期(DATE)
女士或先生(MS OR MR)　　　　房号(ROOM NO.)
至 TO
由 FROM(AM/PM)到 TO(AM/PM)
我将在(I WILL BE)
我将于……回店(I WILL BE BACK AT)
留言(MESSAGE)

经手人(CLERK)　　　　客人签名(GUEST'S SIGNED)

实践操作

潘一鸣先生来电到觅你时空酒店前台,要找1406房的陈平先生,恰巧陈平先生不在房间,前厅部的接待员怎样为潘先生提供留言服务呢？

一、实训目的

掌握留言服务的基本流程。

二、实训要求

1. 基础训练:两人一组,分为前厅接待员和客人,模拟访客留言服务。
2. 应变训练:模拟客人的学生可在留言过程中设置一些疑难问题,训练学生的应变能力。

三、模拟实训

电话铃响……
服:"Good afternoon,请问有什么可以帮您？"
客:"转一下1406房。"
服:"先生,您好,请问您怎么称呼？"
客:"潘一鸣。"

服:"潘先生,请问您知道1406房房主的姓名吗?"

客:"陈平。"

服:"好的,潘先生,请您稍等……"

服务员致电1406房,却无人接听。

服:"潘先生,很抱歉,1406房电话无人接听,您看我们可以帮您留言吗?"

客:"哦,那好吧,你要他回酒店后给我回电话。"

服:"好的,潘先生,请您留一下您的联系电话好吗?"

客:"150×××0733。"

服:"好的,潘先生,我复述一遍您的留言内容好吗?潘先生留言需要1406房房主陈平先生回酒店后,给潘先生回电话,潘先生您的电话是150×××0733,对吗?"

客:"嗯。"

服:"好的,潘先生,请您放心,我们会在看到1406房陈平先生第一时间转达您的留言,谢谢您的致电,祝您愉快,再见!"

填写访客留言单,并将留言输入电脑,开启陈先生房间的留言灯。

四、实训考核表

留言服务实训考核表如表5-17所示。

表5-17 留言服务实训考核表

实训内容	序号	考核要求	分值	得分
留言服务	1	热情主动迎客	10	
	2	聆听客人要求	10	
	3	询问访客身份	10	
	4	记录访客留言内容	10	
	5	确认留言内容	10	
	6	填写访客留言单	20	
	7	将留言输入电脑	10	
	8	开启留言灯	10	
	9	仪容仪表及礼节	10	
总分			100	

拓展提升

一天,两位客人来到某酒店前厅接待处,询问有没有一位杨先生下榻在此酒店。前厅接待员在询问了访客的基本情况后,立即进行查询,确实有一位杨先生入住本酒店,接待员立刻接通了杨先生的房间电话,但是很长时间没有人应答。接待员便礼貌地告诉来访客人,确有这位杨先生在本酒店入住,但是此刻不在房间,接待员请两位客人在大堂休息处等候,或在前厅留言,与杨先生另行安排时间会面。两位来访客人对接待员的答复并不满意,并一再声称他们与杨先生有急事要联系,请接待员告诉他们杨先生的房间号码。接待员礼貌而又耐心地向他们解释,为了保障住客的安全,本酒店规定在未征得住店客人同意的情况下,不能将其房号告诉他人。同时建议来访客人在前厅给杨先生留个便条,或随时与酒店前厅联系,两位客人听后便给杨先生留下留言离开了酒店。杨先生回到酒店后,接待员便将来访者留下的信条交给了他,并说明为了安全起见,前厅没有将他的房号告知来访者,请杨先生谅解。杨先生当即表示理解并向接待员致以谢意。

【分析】

客房安全是客房工作的一项十分重要的内容。安全工作的目的是保证服务过程中顾客的人身安全、财产安全不受到危害。一方面,当客人要求保护其隐私时,对客人提出的正当保护与保密要求应严格做到。另一方面,对于来访客人,我们可以做一下处理:假如访客与住客双方的关系密切,在信息发达的今天,他们完全可以通过其他通信方式进行联系;假如他们的关系很一般,而酒店却在未经许可的情况下告知客人的房号,必定会引起住客的不满,所以应替客人保守秘密。

任务六　总机服务

任务引入

话务员小辛忙着检查确认清晨的人工叫醒服务时间。6:05小辛致电1506房,为陈先生做人工叫醒服务,但电话铃响六声后仍无人接听。在此之前,小辛仔细检查了电脑上的记录,记录显示该房的电脑叫醒服务已完成,而此时已超过宾客指定的6:00的叫醒时间5分钟了。那么,是宾客已经离开房间了,还是又睡着了呢?小辛心急如焚,一边继续往房间致电,一边请同事致电客房部服务中心,派服务员协助上房间叫醒。

6:07时,睡意蒙眬的宾客终于拿起电话应答,听着小辛亲切温柔的叫醒声音,宾客猛然想起,他还要搭乘早班机呢!"我太累了,醒了又睡过去了,如果没有你,我就耽误行程了。谢谢!太谢谢了!"

听着陈先生感激的话语,甜美的笑容在小辛脸上绽放开来。

理论知识

一、叫醒服务

酒店向宾客提供叫醒服务有两种方式:人工叫醒服务和自动叫醒服务。无论是人工叫醒,还是自动叫醒,话务员在受理这项服务时,都应认真仔细。如果由于话务员的疏忽,忘记及时叫醒客人,其后果是非常严重的,不但会招致客人的投诉,还有可能赔偿客人由此带来的一切损失。

(一)人工叫醒服务程序

人工叫醒服务程序如表5-18所示。

表5-18 人工叫醒服务程序

序 号	程 序	要 求
1	礼貌接待客人	主动向客人问好,礼貌接待客人
2	受理叫醒服务	受理叫醒服务预订时,询问客人的房号、姓名、叫醒时间,并复述确认无误
3	填写叫醒服务记录表	填写叫醒服务记录表,将客人的房号、姓名、叫醒时间逐项填入记录表中
4	定时	在定时器上定时
5	电话叫醒客人	定时器响起,使用电话叫醒客人,先问宾客好,告知叫醒时间已到。若无人应答,隔5分钟再人工叫醒一次。再次无人应答,立刻通知客房服务中心或大堂副理实地查看
6	注销记录	在叫醒记录表上登记注销

(二)自动叫醒服务程序

自动叫醒服务程序如表5-19所示。

表 5-19　自动叫醒服务程序

序号	程　序	要　求
1	礼貌接待客人	主动向客人问好,礼貌接待客人
2	受理叫醒服务	受理叫醒服务预订时,询问客人的房号、姓名、叫醒时间,并复述确认无误
3	填写叫醒服务记录表	填写叫醒服务记录表,将客人的房号、姓名、叫醒时间逐项填入计算机中
4	核对输入情况是否正确	总机领班或主管应核对输入情况与打印报告是否一致,以防机器有误
5	按时叫醒客人	客房电话按时响铃唤醒客人。注意查看是否有人应答,若无人应答,话务员应使用人工叫醒的方法叫醒宾客,并通知客房服务中心做好记录。若仍无人应答,应通知大堂副理或客房服务中心员工查清原因

因为很少有人乐意在熟睡中被叫醒,所以话务员还应注意叫醒的方式,如在叫醒客人时,尽量以姓氏称呼客人,如是贵宾,则必须人工叫醒;若能在叫醒服务时将当天的天气变化情况告知客人,并询问客人是否需要其他服务,则会给客人留下深刻而美好的印象。

二、电话转接服务

电话转接服务流程如表 5-20 所示。图 5-4 所示为酒店总机电话。

表 5-20　电话转接服务流程

序号	程　序	要　求
1	迅速接起电话,问宾客好	转电话动作要迅速,必须在铃响三声之内接起电话,主动向宾客问好,自报家门 外线应报:"您好,××酒店。" 内线应报:"您好,总机。"

续表

序 号	程 序	要 求
2	迅速准确地转接电话	（1）遇到转接的电话占线或线路繁忙时，话务员应请对方稍等，并使用音乐保留键，播放悦耳动听的音乐 （2）对无人接听的电话，铃响半分钟后（五声），必须向来电人说明："对不起，电话没有人接，请问您是否需要留言？"需要给房间宾客留言的电话一般由话务员记录，重复确认后，通知行李员送至客房或前台问讯处，或者开启客房内的电话留言信号。给酒店管理人员的留言，一律由话务员记录下来，并重复确认，通过传呼或其他有效方式尽快转达 （3）如果来电者只知道要找的宾客姓名而不知房号时，应请其稍等，查出房号予以接转，但不能告诉对方房号；如果来电者只告诉房号，应首先了解住客姓名，然后核对电脑中宾客资料，特别注意该房宾客有无特别要求，如房号保密、免电话打扰等，若无则将话转入房内 （4）如果住客是"免电话打扰"，则应礼貌地向来电者说明，并建议其留言或待宾客取消"免打扰"之后再来电话 （5）如果来电是长途电话，而房内无人接听，则应先帮助寻找住客，再做电话留言；如住客房间电话占线，则应将电话插入该房间，向住客说明有长途电话是否需要接听，征得宾客同意后，请宾客先将房间话机挂上，再把电话转入
3	挂断电话	感谢客人来电，和客人礼貌告别。挂断电话时切忌勿忙，一定要待宾客先挂断后，才能切断线路

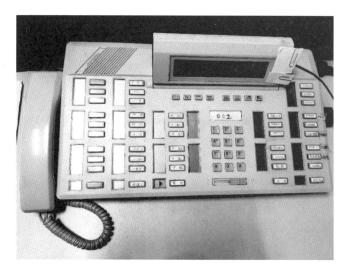

图 5-4　酒店总机电话

为了能准确、快捷地接转电话,话务员必须熟练掌握接转电话的技能,熟悉交换机的操作方法。同时应熟悉本酒店的组织机构、各部门的职责范围,尽可能地辨认长住宾客、酒店中高层管理人员的语音特点,随时掌握最新的住客资料。

实践操作

陈先生入住成都某酒店 1406 号房,8 月 3 日 21:00,他致电前台要求 1406 房间第二天早上 6:30 叫醒,前台服务员小刘接待了陈先生。

一、实训目的

掌握叫醒服务的基本程序。

二、实训要求

1. 基础训练:按照两人一组,分别模拟客人和服务员进行叫醒服务操作。
2. 应变训练:模拟在各种情况下,服务员进行叫醒服务操作,从而进行学生的应变训练。

三、模拟实训

8 月 3 日 21:00,客人致电前台要求 1406 房间第二天早上 6:30 叫醒。

电话铃响……

服:"晚上好,您好总台,请问有什么可以帮您?"

客:"1406 房明天 6:30 叫醒。"

服:"好的,1406 房陈先生是需要 8 月 4 日早上 6:30 叫醒,对吗?"

客:"对。"

服:"可以,没问题,谢谢您致电前台,请问还有什么可以帮您的吗?"

客:"不用啦。"

服:"好的,谢谢您,祝您住店愉快。"

填写叫醒服务记录表,在定时器上定时。

8 月 4 日早上 6:30,定时器响起,但电话铃响后无人接听,电脑显示叫醒服务已完成,6:35 服务员小刘拨打 1406 房间电话,电话接通了。

服:"早上好,陈先生,现在是早上 6:35,已到您的叫醒时间。"

客:"谢谢!太谢谢了!我太累了,醒了又睡过去了,如果没有你,我就耽误行程了。"

服:"不客气,这是我应该做的。"

四、实训考核表

人工叫醒服务实训考核表如表 5-21 所示。

表 5-21　人工叫醒服务实训考核表

实训内容	序号	考 核 要 求	分　值	得　分
人工叫醒服务	1	热情主动迎客	5	
	2	聆听客人叫醒要求	10	
	3	询问客人姓名、房号、叫醒时间	10	
	4	确认客人叫醒要求	10	
	5	填写叫醒服务记录表	10	
	6	在定时器上定时	10	
	7	定时器响起，使用电话叫醒客人	15	
	8	在叫醒记录表上登记注销	10	
	9	善后处理工作	10	
	10	仪容仪表及礼节	10	
总分			100	

拓展提升

长途电话服务

酒店内长途电话服务通常有两种：一种是宾客在房内直拨的国际长途电话；另一种是国内长途电话。

话务员应根据宾客要求准确拨打长途电话，熟悉所有长途区号、国家代码及收费标准，做好外接电话登记。及时开出所有长途电话的账单或通知总台，以便宾客结算；应前台要求随时启动或关闭长途电话直拨功能。

现代酒店一般采用程控直拨电话系统，宾客可以在房内直拨国内和国际长途电话。通话结束后，电脑能自动计算出费用并打印出账单。因此，直拨电话系统的使用，加快了通信联络的速度，大大方便了宾客，减轻了话务员的工作量，还减少了酒店与住客之间因话务费用而引起的纠纷。

当宾客要求挂拨人工长途电话,或在没有直拨电话系统的酒店,话务员受理挂拨电话程序如下。

(1) 及时接受宾客要求,核查宾客姓名和离店日期,询问电话打往哪个国家、地区及电话号码,并在长途电话单上逐项填写,最后填上日期,话务员签名。

(2) 拨通电话局国际、国内长途台挂号,向对方通报本机号码,分机(房间号)号码及宾客姓名、国籍、地区、电话号码。

(3) 电话接通后,将电话转至房间。通话结束,等待国际、国内长途台通报通话时间。

(4) 开具电话通知单和收费单,根据实际通话时间计算费用,收费单正联送至前台收银处,副联总机保存,并请宾客到前台付款或签单计入其账户内。

提供优质的长途电话服务,话务员必须熟悉世界各地时刻表,掌握各地国际时间和当地时差,熟悉各国、各地长途电话代号和收费标准,并按宾客要求做到挂拨电话准确、迅速。

任务七 商务中心服务

任务引入

王先生入住长沙某酒店,他要复印、打印资料,为明天的会议做准备,还要预订从长沙去深圳的机票。如果你是商务中心工作人员,你应该怎样为王先生提供服务呢?

理论知识

为了满足宾客的不同需求,现代酒店通常设有商务中心,为宾客提供复印、打印、传真收发、文字编辑、翻译等文件服务、票务服务、会议室出租服务等。商务中心一般设在大堂附近的公共区域内,不仅可以方便宾客,还便于与前台联系。为便于宾客从事各种商务活动,商务中心应具有安静、优雅、舒适、整洁等特点,从而使宾客有较好的体验。图 5-5 所示为酒店商务中心。

图 5-5 酒店商务中心

一、文件服务

（一）复印服务

复印服务的具体流程如表 5-22 所示。

表 5-22 复印服务的具体流程

序 号	程 序	要 求
1	问候客人	主动问候宾客，介绍收费标准
2	准备复印	接过宾客的复印原件，根据宾客要求，选择纸张规格、复印张数以及颜色深浅程度
3	开始复印	将复印原件在复印平面上定好位置，检查送纸箱纸张，按动复印键。需放大或缩小的复印，按比例调整尺寸，检查第一张复印效果，如无问题，则可开始复印
4	复印完毕	复印完毕，取原件交给宾客，如原件为若干张，则应注意按顺序整理好
5	装订文件	询问客人是否要装订文件，如需要，则替宾客装订

续表

序　号	程　序	要　求
6	开立账单	(1) 根据复印张数和规格,开立账单。账单通常一式三联,将第二、三联撕下,第二联交总台收银处,第三联呈交宾客。如宾客不要,立即用碎纸机销毁 (2) 若宾客要挂账,请宾客出示房卡,并签字 (3) 若宾客要开发票,将发票第二联交给宾客,第三联需同账单的第二联一起交总台收银处
7	后续工作	将账单号码、房号、金额、付款方式分别填在商务中心日复印、打印报表上

(二) 打印服务

打印服务具体流程如表 5-23 所示。

表 5-23　打印服务具体流程

序　号	程　序	要　求
1	问候客人	主动问候宾客,介绍收费标准
2	打印前的准备	接过宾客原稿文件,了解宾客打印要求以及特殊格式的安排。浏览原稿,检查是否有不清楚字符。告知宾客大概完成时间
3	开始打印	开启计算机开始录入,核对无误后打印
4	校对文件	打印完毕,对照原稿再校对有无差错,应请宾客校对,以确保无误
5	交给宾客	将打印好的文件交给宾客。询问宾客是否存盘及保留时间。若无须保留,则删除该文件
6	开单收费	根据打印张数,为宾客开单收费。请宾客签字后,将账转至总台收银处
7	填写报表	填写商务中心日复印、打印报表

(三) 接收传真服务

接收传真服务具体流程如表 5-24 所示。

表 5-24　接收传真服务具体流程

序号	程　序	要　求
1	接收来件	认真阅读来件信息,与前厅问讯处确认收件人姓名及房号,并将接收"OK"报告单与来件存放在一起
2	填写报表	填写商务中心每日传真来件报表
3	通知宾客	电话通知宾客有传真来件。如宾客在客房,应告诉宾客将派行李员送到房间,然后开出账单交总台收银处;若宾客不在房间,则进行留言服务。留言单右上角应注明宾客离店日期、时间,以便能在宾客离店前将传真送给宾客
4	疑难件的处理	对于疑难来件,应及时请示大堂副理妥善处理传真来件按酒店规定收费

（四）发送传真服务

发送传真服务具体流程如表 5-25 所示。

表 5-25　发送传真服务具体流程

序号	程　序	要　求
1	发送前的准备	主动问候宾客,问明发往的地区,查看宾客所提供的地区号码,并进行校对。事先应向宾客讲明,传真发送需收费,按时间(或页数)计算
2	发送传真	输入传真号码后,先与稿件上的号码核对,确认无误后,再接发送键。如发送接通后,对方为通话状态,此时需拿起电话告知对方接通传真机
3	交还客人	传真发出后,应将"OK"报告单连同原件一起交给宾客
4	开单收费	按酒店规定计算传真费。请宾客付款或签单,账单上注明传真号码以及发送所用时间。将账单送至总台收银处
5	填写报表	填写商务中心每日发送传真报表

二、票务服务

一般大型酒店商务中心都可以为客人提供票务服务,其程序如表 5-26 所示。

表 5-26　票务服务具体流程

序号	程序	要求
1	主动问候客人	主动热情地问候客人
2	了解客人订票需求	礼貌询问客人的订票需求细节,包括航班、线路、日期、车次、座位选择及其他特殊要求等
3	查询票源情况	通过计算机进行快捷查询。如遇客人所期望的航班、车次已无票源时,应向客人致歉,并做委婉解释。同时应主动征询客人意见,问明是否需要延期或更改航班、车次等
4	办理订票手续	(1) 双手持订票登记单上端和笔下端递给客人 (2) 请客人填写登记单,若客人填写时有不清楚之处,应立即向客人解释并予以帮助 (3) 当客人递回已填写好的登记单时,应向客人致谢 (4) 迅速、仔细检查登记单上的全部项目,礼貌地请客人出示有效证件及相关证明,并注意与登记单内容进行核对 (5) 礼貌地交还客人所出示的所有证件,并向客人致谢
5	出票与确认	(1) 礼貌地请客人支付所需费用,并仔细清点核收 (2) 认真填写好机票并及时将订位信息输入计算机 (3) 仔细检查所填写的机票,并连同票据、零钞等装袋呈交客人 (4) 请客人自己再进行检查确认,并提醒客人飞机起飞时间、乘车地点、发车时间及其他注意事项等
6	道谢、道别	向客人致谢,目送客人离去

三、会议室出租服务

为了方便客人洽谈商务,酒店一般都设有会议室,一般服务程序如表 5-27。

表 5-27　会议室出租服务具体流程

序号	程序	要求
1	填写会议室使用登记表	客人要租用会议室,应请客人填写会议室使用登记表,请客人签名并写上房号。第一联给总台再转回商务中心存档,第二联交收款处,第三联交客房中心或楼层服务台

续表

序号	程序	要求
2	检查会议室卫生	在会议开始1小时前应检查会议室卫生,以保证给客人舒适、整洁的会议场所
3	提供服务	按客人要求布置会议室并提供会议服务
4	打扫卫生	会议结束后,应立即通知客房中心打扫卫生,为下次会议做准备
5	收取费用	按会议规定的收费标准向客人收取费用,或请客人签单

实践操作

张先生入住长沙某酒店,他要预订6月4日从长沙去深圳的机票。商务中心工作人员接待了他,请你为王先生提供票务服务。

一、实训目的

掌握商务中心票务服务的流程。

二、实训要求

1. 基础训练:按照两人一组,分别模拟客人和商务中心工作人员进行票务服务。
2. 应变训练:模拟客人的学生可在票务服务过程中提出各种合理要求,提高学生应变能力。

三、模拟实训

服:"您好!张先生,请问有什么可以帮到您的吗?"
客:"我想订一张6月4号从长沙去深圳的飞机票。"
服:"张先生,请在这边休息一下,我来查询一下并帮您预订好吗?"
客:"好的,谢谢!"
服:"张先生,请问您需要预订什么时间段的飞机?需要指定航空公司吗?"
客:"6月4号中午或者下午的飞机,××航空公司。"
服:"好的,请稍等!张先生,为您查询到了您需求的班机,6月4号14:00起飞,南方航空公司的CZ1234班机,现在有3.7折的票价是980元,请问需要预订吗?"

客:"好的,帮我预订1张。"

服:"张先生,方便出示一下您的证件我们来帮您订票好吗?"

客:"我是帮陈先生订票,我把他的全名和身份证号码写给你们了。"

服:"好的,谢谢您,张先生您预订的是一张从长沙到深圳的机票,时间是6月4号14:00,票价折后是980元,服务手续费50元,总共费用是1030元,谢谢您!"

客:"好的。"(付款)

服:"谢谢您,张先生,收您980元订票费用,您的机票将会在一个小时内送到,您是等一下过来取票还是我们将票送到您的房间呢?"

客:"等一下票来了送到1408我房间来。"

服:"谢谢您,张先生,请您收好取票收据!票到之后我们会及时送到您的房间。祝您居住愉快,再见!"

四、实训考核表

票务服务具体流程如表5-28所示。

表5-28 票务服务具体流程

实训内容	序号	考核要求	分值	得分
票务服务	1	热情主动迎客	10	
	2	了解客人订票需要	20	
	3	与客人确认	10	
	4	查询票源情况	10	
	5	办理订票手续	20	
	6	善后工作	10	
	7	道谢、道别	10	
	8	仪容仪表及礼节	10	
总分			100	

拓展提升

机票订购与改退

1. 机票订购

宾客购票时,请宾客填好旅客购票单。

给宾客订票时,要看清楚旅客购票单上填写的项目,不清楚之处要询问宾客。凭革命残疾军人抚恤证、军官证购特殊折扣票须到航空公司购买。

在填写机票前先查询机票的价格,购儿童票应注意其出生日期是否符合童票的标准(儿童2—12周岁)。

宾客购单程票,电脑订位出票后,须把出票人联、乘机二联撕下留底,给宾客的是乘机联和旅客联。

当宾客需要购买联程票时,在每一站停留的时间必须是2小时以上。如果宾客要求购联程票,且中间站时限不到2小时,其后果(误机或者其他原因)应由宾客自己负责,在出票前应向宾客说明清楚;电脑订位出票后,须把出票人联撕下留底,给宾客的是乘机一、二联和旅客联。

宾客购买国际机票(包括香港),要用英文姓名或用汉语拼音。

向宾客收取机票款,须做到"唱收唱付",以免出现差错。

请宾客再次复核机票上的姓名、日期、航班是否正确。

酒店订票电脑系统无法直接订购国际机票,如宾客欲购买,酒店可联系代理机构出票。

2. 机票改期

国内航班的机票,如要改期,须查询不同航空公司机票的更改政策、规定。宾客要求改期而超过规定时间,要事先向宾客解释,并查询电脑,看宾客所需航班是否有座位,如果有,可以在机票电脑系统帮宾客更改日期。

票改期要注意座位等级,一般要同一等级才能改期,如果不同等级要改期,必须先向宾客说明。高等级换低等级是不退差价的;低等级换高等级,宾客要补上差额(低等级换高等级要到航空公司办理)。

国际航班的机票,如要改期或订座,要查看机票的有效期。

酒店订票电脑系统只能改 CRS 系统的机票,不能改 CS 系统的机票。如果宾客拿着 ICS 系统的机票来要求改期时,同样须先查询电脑是否有座位,再做答复。

当在订票电脑系统里为客票改期以后,要注意在客票上粘贴规定的更改标签,然后盖上"座位已经证实"的印章。

无法立即把机票交还给宾客时,要留下宾客的姓名、房号、电话号码,并开单据给宾客。

3. 退票处理

客票的申退受时间限制,不同时间申退,航空公司扣除的运费是不同的,并且不同航空公司的退票手续费不同。一般情况下,全价票:离起飞时间24小时前申退,扣除5%;离起飞时间2小时至起飞前24小时,扣除10%;离起飞时间2小时,扣除20%;误机,扣除50%(本规定适应散客)。折扣票:退票手续费的扣除须根据不同航空公司的退票条款、政策进行扣除。

如果宾客要求申退的机票不是在酒店购买的,则要帮宾客在电脑中取消订座记录,在机票上签明退票时间,并加盖代理印章,宾客须到原出票处取回退款。

残疾军人和婴儿票要求退票,免收退票款。

当无法立即完成服务时,要留下宾客的姓名、房号、电话号码,并开单据给宾客。

项目小结

本项目知识点主要阐述了宾客住店期间前厅部提供的各种服务,主要涉及外币兑换服务、客账服务、贵重物品保管服务、问讯与留言服务、总机服务和商务中心服务等。通过本项目的学习,应能够掌握宾客在住店期间前厅部提供服务的服务流程和服务规范。

项目训练

一、知识训练

1. 简述外币兑换的程序。
2. 简述挂账的基本程序。
3. 简述贵重物品保险箱使用程序。
4. 简述问讯服务包含的内容。
5. 简述处理住店客人的留言的程序。
6. 叫醒服务分为哪些类型?怎样为客人提供人工叫醒服务?
7. 简述收发传真的程序。
8. 商务中心如何为客人提供订票服务?

二、实训操作

1. 两人一组,分为前厅服务员和客人,为客人处理外币兑换服务。
2. 两人一组,分为前厅接待员和客人,客人提出不同的问讯和留言服务,接待员进行接待处理。
3. 以小组模拟的形式,交互练习,展现为客人提供叫醒服务的过程。并在演练结束后,学生分组讨论可能出现的情况以及应对的方法。
4. 两人一组,分为前厅服务员和客人,按规定程序完成复印服务、文字处理服务和传真服务。

三、案例分析

某五星级酒店一位经商的宾客弗兰克先生,于某日下午 2:45 来到商务中心,告诉早班服务员陈小姐:"过一会儿,在 3:15 将有一份发给我的加急传真,请收到后立即派人送到我的房间或通知我到商务中心来取。"3:15,这份传真准时发到了商务中心。

3:10 早班陈小姐与中班小张开始交接班。陈小姐向小张交代了刚收到的一份紧急文件及其打印要求,并告诉小张有一份传真须立即给宾客送去,然后就按时下班了。此时,又有一位商务宾客手持一份急用的重要资料要求打印,并向接班的小张交代了打印要求;恰巧这时又有一位早上来打印过资料的宾客,因对打印质量不满意又来向小张交代修改要求。忙中出乱,直到 3:40 小张才通知行李员把传真给弗兰克先生送去。

弗兰克先生对商务中心延迟 25 分钟送达传真非常气愤,拒绝接收。他向大堂副理吴先生投诉说:"由于你们工作人员的延误送达,致使我损失了一大笔生意。"大堂副理看到发来的传真内容是:"如果下午3:30未收到弗兰克先生回复的传真,就视为弗兰克不同意双方谈妥的条件而终止这次交易,另找买主。"弗兰克先生自称为此损失了3万美元的利润,要求酒店商务中心或赔偿其损失或开除责任人。

试分析,大堂副理吴先生遇到这样的情况应该怎样处理。

项目六
客户关系维护

项目目标

职业知识目标：
1. 掌握住客常见问题的处理程序。
2. 掌握客人投诉的处理程序和原则。
3. 理解前厅服务质量的要求并能够完善客史档案。

职业能力目标：
1. 能正确处理住客常见问题。
2. 能处理好客人的投诉。
3. 提高职业素养，能够合理运用客史档案。

职业素养目标：
1. 热爱酒店前厅工作，培养职业兴趣。
2. 培养观察能力、沟通能力和应变能力。
3. 加强服务意识，培养为客人服务的职业态度。

 知识框架

项目导入

张先生从电梯口出来,迎接正在酒店门口等待着他的好朋友刘先生,前厅服务员小李前去搀扶张先生,张先生脸一下就红了,并说"我不需要",热情的小李并未意识到张先生心里不快,仍然要扶着张先生,结果张先生非常生气地表示拒绝了。当天晚上,张先生到前台来投诉服务员小李服务意识差,小李知道后感到很委屈说:"从客人档案信息了解到,张先生是一位右腿受伤的老兵,现在安装的假肢出行,担心其出入不便和关心张先生,所以很热心地搀扶,没想到换来这样的结果。"

案例分析:本案例中服务员小李很热情,但是忽略了客人需要尊重的心理。张先生是一个自尊心很强的客人,所以面对不同客人,对客人的现实需求和心理需求要考虑周全。在建立客人档案史时,要进行完善的纪录。如果在记录张先生右腿有疾的情况下,再补充一条:其自尊心较强,在服务期间加以注意,那就更加完美了。

任务一　住客的常见问题

任务引入

每年7、8月是酒店的旺季,所有人都忙得团团转,由于前厅部人手不足,所以实习生Susan被调去帮忙。看着前厅部的工作人员不仅要提供客人的基本服务,还要处理住店客人的常见问题,Susan心里一下就没底了,到底该怎样处理住店客人的常见问题呢?

理论知识

酒店前厅部每天都要接待来自全国以及世界各地的客人,不同的客人会提出不同的需求。这就要求酒店的员工既能遵守酒店的相关条例,又能灵活地满足客人的不同需求,真正能使客人开心而来、满意而归。

在酒店的运营过程中,很多客人在入住期间会遇到各种突发的问题,他们需要酒店的工作人员能提供有针对性的服务,来帮助自己解决问题。这就要求酒店服务人员具有较强的应变能力,根据服务标准灵活处理客人的问题,满足客人的需求。一般常见的住客问题有换房、延迟退房、续住、物品赔偿等。

一、换房

调换房间往往有两种可能:一是客人提出的,二是酒店要求的。换房要慎重处理,特别是在搬运客人私人物品时,尽量做到客人方和酒店方同时在场。

(一)客人要求的换房

1. 客人要求换房的常见原因

(1)正在使用的房间在其价格、大小、种类、噪声、舒适程度以及所处的楼层、朝向等方面,让客人感到不满意。

(2)住宿过程中人数发生变化。

(3)客房设施设备出现故障。

2. 客人要求换房的程序

客人要求换房的程序如表 6-1 所示,表 6-2 所示为房间/房租变更单。

表 6-1 客人要求换房的程序

	程　序	要　求
1	了解客人换房的原因	耐心听取客人换房的原因,并表示歉意,了解情况后对症下药
2	查找可提供给客人的房间	在酒店的可供房中为客人查找合适的房间,并得到客人认可。如果找不到同级别和价位的房间,工作人员就要适当地为客人推销,但告知客人要支付"升级"的费用
3	办理换房手续	如果是隔天或入住多日的客人,则要填写房间/房租变更单,将变更单送往客房、问讯处、贵重物品保管员、收银员、预订员、电话总机等有关部门和人员手中,并签字确认
4	更改信息	更改客人房号,并将换房信息记录在客户档案上
5	通知礼宾部	安排行李员协助客人换房,交给行李员客人新房间的钥匙并将旧钥匙取回
6	后续工作	通知客房部尽快清扫客人已使用的房间

续表

程　序		要　求
7	再次致电给客人	房间更换后大约15分钟后致电客人，以确认客人对新房间满意度

表 6-2　房间/房租变更单

日期(DATE)_____　　　　　　时间(TIME)_____
宾客姓名(NAME)_____　　　　离开日期(DEPT DATE)_____
房号(ROOM)_____　　　　　　由(FROM)_____转到(TO)_____
房租(RATE)_____　　　　　　由(FROM)_____转到(TO)_____
理由(REASON)_____
当班接待员(CLERK)_____　　　行李员(BELLBOY)_____
客房部(HOUSEKEEPING)_____　电话总机(OPERATOR)_____
前台收银处(F/O CASHIER)_____问讯处(MAIL AND INFORMATION)_____

（二）酒店要求的换房

1. 酒店换房的常见原因
（1）房间设施设备发生故障。
（2）酒店出现超额预订。
（3）酒店出现的其他特殊情况。
2. 酒店要求换房的程序
酒店要求换房的具体程序如表 6-3 所示。

表 6-3　酒店要求换房的具体程序

程　序		要　求
1	及时通知客人	主要以电话通知，语气要诚恳真挚，尽力做好解释工作。如果客人不在房内，可语音留言告知客人尽快到前台办理变更手续
2	为客人安排房间	本着"合理而可能"的原则，尽力为客人安排令他满意的房间，但如果令客人满意的房间已经超出了你的授权范围，你还需要向上级汇报并经许可，方可答应客人换房
3	办理换房手续	为客人制作新的房间钥匙，填写房间/房租变更单，更新相关信息

续表

程　序	要　求
4　通知礼宾部	安排行李员协助客人换房,交给行李员客人新房间的钥匙并将旧钥匙取回
5　后续工作	通知客房部尽快清扫房间、维修设备

【经典案例】

换房的遭遇

一位会员在结账时,抱怨此次入住酒店很不满意,表示要马上结账不再继续入住并搬到其他酒店。在其入住的当天晚上被其他团队的成员打扰,导致第二天换房,酒店将其房间免费升级至豪华间 305 房,但客人随即表示房间很冷,于是酒店又第二次为客人调换了房间,但是在这间房的上层房间内工程部有维修的工程,噪音很大,客人很难进行工作和休息,最后客人决定一定要提前办理结账,并搬至其他酒店。

【案例评析】

客人在住店期间遭遇两次换房,而且换房后仍出现问题,导致客人最终对酒店的房间和服务都很失望,使酒店失去了一位客人。

二、延迟退房和续住

酒店的退房时间通常是 12:00,部分酒店也会根据客人的实际情况适当延迟退房时间,但通常情况下不会超过 14:00。这就要求总台服务人员能根据实际情况巧妙地处理客人延迟退房,在满足客人需求的同时也能增加酒店的收入。

(一)延迟退房

1. 延迟退房的认识

按照酒店行业惯例和国际惯例规定,为了保证酒店可售房间的数量以及质量,一般客人退房的规定时间是 12:00,但随着酒店行业的激烈竞争,而且为了更好地满足客人的需求,追求客人利益的最大化,各酒店会根据酒店的实际情况与客人协商,灵活处理客人的延迟退房。通常,延迟时间从 13:00 到 18:00 不等,延迟的费用可能是免费,也可能会加收一定的费用,这个可以根据酒店的实际情况予以处理。

2. 延迟退房的程序

延迟退房的具体程序如表 6-4 所示。表 6-5 所示为推迟离店通知单。

表 6-4　延迟退房的具体程序

	程　　序	要　　求
1	了解客人延迟退房的原因	耐心听取客人延迟退房的原因，并表示理解
2	告知客人正常的退房时间	确认客人的房号、姓名和入住时间
3	检查酒店房态	在电脑系统里核查该房是否为今天确定抵达人的预留房。如该房不是预留房且出租率高，延迟退房要求要向经理汇报
4	办理延迟离店	确定延迟离店时间后，在系统中离店时间处注明 15:01 或 16:31。如果确认收费，在预订屏幕输入备注"收取延迟退房费用"
5	后续时间跟踪	根据延迟离店时间，确认客人是否离开，客人离开后，请客房部尽快清扫房间

表 6-5　推迟离店通知单

姓名(NAME)_____
房间(ROOM)_____
可停留至(IT ALLOWED TO STAY UNTIL)_____ AM _____ PM
日期(DATE)_____
前厅部经理签字(FRONT OFFICE MANAGER SIGNED)_____

（二）续住

续住是酒店比较普遍的现象，客人因客观或者主观的原因需在酒店延迟退房日期并承担相关费用。

1. 续住的一般程序

续住的一般程序如表 6-6 所示。

表 6-6　续住的一般程序

	程　　序	要　　求
1	询问客人是否要续住	在接近 12:00 或 14:00 时，如果客人不退房间，要及时询问客人是否要续住

程　序	要　求
2　接收客人续住要求	①问清客人需要续住的时间,核对客人姓名和房号;②查看系统中的房间状况,确认客人要求续住的日期里该房是否被预订;③如果该房没有预订出去,则为客人办理续住;④如果该房已经预订出去,查看预订是否可调换
3　核实信息	与续住客人核实房型、房号、房价、续住日期、退房时间等信息
4　查看客人付款方式	客人押金是否足够,如不足,需要请客人续交押金
5　办理延期手续	①更改信息;②更改电脑中的离店日期;③重新制作钥匙

2. 续住的一般注意事项

（1）每天中午总台接待员应在电脑中查询当天应离店客人的情况,对尚未离店的客人进行核实是否需要延期离店。整理需要办理延期离店手续的客人名单,并打印成文。

（2）根据打印名单与系统核实客人的付款方式和免费房客人的情况。

（3）按打印名单与客人逐个联系,礼貌地征求客人的意见,确认客人实际的离店日期。

（4）客人延期离店的要求应尽量满足,如客人的住房已被预订,并且在住店客人离店前有新客人将入住,总台应按换房服务规范办理换房手续。

3. 延期离店客人的账务处理

（1）公费转账客人需征得接待单位的同意,以书面形式同意客人延期,否则按客人自费处理。

（2）持凭证转账的客人原则上要求自理,除非有相关单位的书面认可。

（3）延期离店客人的房费如由他人支付的,应征得付费客人的同意,否则按自费处理。

（4）预付订金的客人,需预付延期部分的房金。

（5）免费房客人延期应由酒店总经理签字认可。

【经典案例】

12 点退房制度引争议

2019年3月20日下午4点,38岁的王先生入住了北京一家宾馆的807房间,房价为每日人民币148元。次日下午2点,他在宾馆总台退房离店。当时,服务员要求他多支付半日的房费,理由是他过了中午12点才退房。王先生说,一天是24个小时,而他只入住了22小时,连一天都不到。王先生说,他当时提出此规定不合理,但宾馆说一直是这样规定的,他只好多付了半日房费。王先生认为,宾馆的做法没有法律依据,属于"霸王条款",违背了公平交易原则。因此,他起诉到法院,要求宾馆退还多收的半日房费74元,向他作书面的赔礼道歉,并赔偿他因起诉所花费的交通费、住宿费、饮食费、误工费、通信费等共计6000元。而宾馆方面则认为,入住宾馆,在中午12点前应退房,否则要加收费用,这是酒店业的行规,也是国际惯例,大多数酒店都是这样做的,此做法并没有违反规定。

【案例评析】

《消费者权益保护法》中明确规定了消费者有公平交易权,住宿一天一夜显然应该是24个小时,而有的消费者只住了十几个小时,却被按照24个小时收费,显然侵犯了消费者的公平交易权。实际上,只要不影响其他客人的入住,宾馆方面就应最大限度地给消费者提供方便,这对自己品牌的健康发展也是有好处的。

三、物品赔偿

(一)物品赔偿的原因

1. 损坏

在客人入住酒店期间,客房服务人员每天进入客房打扫卫生时,要注意由于客人原因导致客房内一切物品的摔坏或者破坏。房间内的一切,包括家具、墙纸、桌椅及地毯等有无被损坏的迹象,床上用品如毛巾、床单、被褥、枕套及床罩有无被香烟烧坏等。

2. 丢失

在客人结账离店时,客房服务人员须清点客房内的一切物品是否齐全,是否存在某些物品的遗失,比如电视遥控板找不到、浴巾不见了、烟灰缸不见了等。

(二)物品赔偿的程序

物品赔偿的具体流程如表6-7所示,另附酒店物品价目表(见表6-8)。

表6-7 物品赔偿的具体流程

程 序		要 求
1	调查	①掌握物品损坏的确切证据 ②分析损坏的可能原因 ③在客人离店查房时,发现物品缺损,应及时向前台联系
2	查阅价格	查阅物品的价格清单,找出物品的价格
3	索赔	①核实客人的身份 ②有礼貌地向客人提出物品索赔要求 "请问您住××××房间,对吗?很遗憾房间里××有损坏,需要麻烦您支付一定费用"

续表

程　序		要　求
4	处理	①向客人解释物品损坏的过程和原因 ②向客人报出赔偿的合理价格 ③听取客人的意见 ④权衡酒店和客人的利益,通过简单的谈判过程取得一致的意见
5	善后工作	①通知客房办理物品报废的手续 ②感谢客人对酒店的支持和理解 "谢谢您对我们的支持" ③及时添补规定的物品用品

表 6-8　酒店物品价目表

名　称	价　格	名　称	价　格
电视	3000 元/台	衣架	50 元/个
空调	2500 元/台	漱口杯	20 元/个
电视遥控板	70 元/个	皂碟	20 元/个
空调遥控板	70 元/个	小垃圾桶	50 元/个
电池	10 元/对	大垃圾桶	80 元/个
开水壶	150 元/个	请勿吸烟牌	20 元/个
电吹风	100 元/台	服务指南	100 元/本
电灯	100 元/个	壁画	150 元/副
台灯	200 元/台	大床被套	300 元/床
电话机	200 元/台	大床被芯	250 元/床
房卡	50 元/张	大床房床垫	1000 元/张
玻璃茶杯	20 元/个	大床房床单	200 元/床
烟灰缸	20 元/个	标间被套	300 元/床
托盘	50 元/个	标间被芯	250 元/床
地巾	80 元/条	标间床垫	800 元/床
浴巾	80 元/条	标间床单	180 元/床
面巾	80 元/条	枕套	80 元/个
淋浴房	3000 元/套	枕芯	100 元/个
淋浴喷头	1000 元/只	靠背垫烟洞	200 元/个
面盆龙头	600 元/只	沙发烟洞	100 元/个

续表

名　称	价　格	名　称	价　格
面盆	1000元/只	地板烟洞	50元/个
马桶盖	300元/只	马桶	1580元/只

1. 如果您损失房内的其他物品按进价赔偿
2. 纺织品脏迹、床上用品污染呕吐视不同程度赔偿清洁费

（三）注意事项

（1）避免因向客人索赔而与客人发生争吵，不要有理不让人。
（2）如果解决不了问题，必须及时上报。
（3）酒店在取得合理赔偿的同时，也要充分考虑客人的感受。
（4）酒店在客房的服务指南中，应将物品的赔偿清单价格告知于入住客人。
（5）客人赔偿后可将物品带走。
（6）对客人赔偿了，但是又未带走的物品在杂项单中注明"未带走"。便于客房的物资分类，以及是否进行报废。

【经典案例】

"浴巾"事件

某酒店中，一位客人在离店时把房内一条浴巾放在手提箱中准备带走，服务员发现后立即报告给大堂副理。大堂副理思索着怎样措辞才能既不得罪客人，又能维护酒店利益，因为一条浴巾需向客人索赔50元。

思索片刻后，大堂副理把客人礼貌请到一处不引人注意的地方说："先生，服务员在检查您的房间时发现少了一条浴巾，从前我们也有过一些客人说浴巾不见了，但事后回忆起来是放在床上被毯子遮住了。您是否能上楼看看，您的浴巾是不是放在什么地方被忽略了。"言下之意是暗示这位客人其带走一条浴巾的事情已被发现了。此时客人面色有点紧张，拎着提箱上楼了，大堂副理在大堂恭候着。不一会儿，客人从楼上下来，见了大堂副理，做生气状："你们服务员检查太不仔细了，浴巾明明在沙发后面嘛！"这句话的潜台词是："我已经把浴巾拿出来了，就放在沙发后面。"大堂副理心里很高兴，但不露声色，很有礼貌地说："对不起，先生，打扰您了，谢谢您的合作。"

事情圆满落幕，既顾及了客人的面子，也保证了酒店的利益。

【案例评析】

类似这种事件在酒店会经常发生，但若直截了当地指出客人有错，客人为了面子肯定不愿承认，而且会"火上浇油"，问题就更难解决了。这位大堂副理很聪明，给了客人下台阶的机会，既维护了客人的尊严，使客人体面地走出了酒店，又还回了浴巾，避免了酒店的损失。

四、客人加床

(一) 客人加床的分类

1. 客人在办理登记手续时要求加床

客人在办理登记手续时,由于同行人员的增加或者同伴之间的生活习惯不同而要求加床的,酒店根据客人需求,为其提供床铺的类型和数量。

2. 客人在住宿期间要求加床

在住宿期间,由于客人原因需要加床的情况有生活习惯不同、房间入住人数临时增加。由于酒店原因需要加床的情况有可供出租的客房数量紧缺、入住客人数量较多。

(二) 客人在住宿期间要求加床的流程

客人在住宿期间要求加床的具体流程如表6-9所示。

表6-9 客人在住宿期间要求加床的具体流程

	程 序	要 求
1	询问原因	了解加床的原因,是客人原因还是酒店原因
2	核实客人身份	问清客人相关信息,核对这些信息与电脑中的记录是否相符,保证该位客人确实是此房间的住店客人
3	办理加床手续	客人在加床确认单上签名,加床费用转至客人的账单,通知客房部进行加床
4	存档	找出入住登记表,把客人资料归档并保存至电脑

【经典案例】

7月8日中午,总机接到了前台经理和房屋中心的电话,询问的都是昨晚谁处理了212客人的加床服务。原来,加床服务是要收费的,价格是258元每晚,而昨晚接线员在没有通知前台的情况下就让客房服务员去给客人加床。实习生Susan表明这件事情是自己处理的,其本人也并不知情加床需要收费,以及需要通知前台。无独有偶,昨晚客房中心的值班人员也是一位实习生,于是就造成了在并未通知客人加床需要收费的情况下给客人加床这件事情的发生。Susan忐忑不安地思索着该如何与客人讲,因为客人可能以当时并未被告知为由拒绝付费,若真是如此,Susan要承担昨晚加床的费用。所幸的是,客人并无责备,而是要求在离店的时候一起算,并且接下来的四晚,继续加床。

【案例评析】

大多数酒店对于加床都有一定的收费标准,这个标准要提前告知客人并通知前台做相关记录,在客人离店时结算相应的费用。对于可能存在的收费项目,要请教老员工或领导,不能擅自做决定,自己也要提前做好功课。否则自己要承担后果,替客人支付费用,所幸

Susan 这次遇上的是一个大度的客人,没有被追究责任,但不是每次都能遇到善解人意的客人,所以要吸取教训以避免类似事情发生。

实践操作

3月4日,来自新加坡的王先生入住酒店,可是刚进房间不久,王先生发现客房有一股刺鼻的气味,于是来到前台,要求 Susan 帮助更换房间。

一、实训目的

掌握来自客人要求换房的程序。

二、实训要求

1. 基础训练:按照三人一组,分别模拟客人、前台服务人员和客房中心服务人员进行对问题的标准处理。

2. 应变训练:在处理问题的过程中,客人不断提出各种需求来培养服务人员的应变能力。

三、模拟范例

Susan:"下午好,王先生,请问有什么可以为您效劳的吗?"

王先生:"我刚进房间,那个房间的气味就让我受不了,你们酒店是不是刚装修好?那种气味对身体是有危害的。我还是住到对面的酒店去吧。"

Susan:"王先生,我们酒店是新开业的,但是您可以放心,我们用的材料都是经环保验收完全达标的。如果您对房间不满意的话,我可以帮您换一个房间,如果您还不满意的话,我再帮您安排到其他酒店入住,您看如何?"

王先生:"那好吧!"

Susan:"感谢您的理解,能方便出示您的房卡吗?"

王先生:"给,我先去餐厅吃点东西,让行李员帮我把行李搬出来,换好后我过来拿钥匙。"

Susan:"好的,王先生,祝您用餐愉快。"

(致电客房中心)

Susan:"您好,客房中心,这里是总台。"

客房中心:"您好!"

Susan:"麻烦您帮我看一下309房间,确认一下房间的气味是否异常?"

客房中心:"好的,您稍等!我待会回电话给您。"

Susan:"好的,谢谢。"

客房中心:"您好,客房中心。"

Susan:"您好。"

客房中心:"309房间客房服务看过了,房间正常,无异味。"

Susan:"嗯,好的,谢谢,待会302的王先生换房到309,请协助换房。"

客房中心:"好的。"

(客人走来)

Susan:"您好,王先生,房间帮您安排好了。您的行李已帮您搬到新的房间309了。"

王先生:"好的,没有什么气味吧?"

Susan:"您放心好了,王先生。"

王先生:"那好吧。这次就相信你。"

Susan:"好的,这是您的房号和房卡,给您带来不便深感抱歉,祝您住店愉快!"

王先生:"好的。"

(致电客人)

Susan:"您好,王先生,我是总台Susan,打扰您了,不知您对新的房间是否满意?"

王先生:"嗯,没有什么气味,风景也不错,很好。"

Susan:"好的,那就不打扰您了,有什么需要的话,随时致电,我们将竭诚为您服务。"

王先生:"好的。"

四、实训考核表

客人要求换房的服务实训考核表如表6-10所示。

表6-10 客人要求换房的服务实训考核表

实训内容		考核项目	分 值	得 分
客人要求换房的服务	1	耐心听取客人换房的原因	10	
	2	仔细查找可提供给客人的房间	20	
	3	认真办理换房手续	20	
	4	及时更改信息	15	
	5	立即通知礼宾部	10	
	6	完善后续工作	10	
	7	再次致电给客人	5	
	8	仪容仪表及礼节	10	
总分			100	

拓展提升

酒店客人经常会提出各种不同的需求,除了上述常见需求问题的处理外,还有一些其他的问题需要处理,例如,发生重房、增配钥匙等。

1. 重房处理的程序与要求

重房处理的程序与要求如表 6-11 所示。

表 6-11 重房处理的程序与要求

程 序		要 求
1	向客人致歉	真诚地向客人道歉,承认工作的疏忽,为客人送上茶水表示安抚
2	为客人安排房间	本着"合理而可能"的原则,尽力为客人安排令其满意的房间,但如果令客人满意的房间已经超出了你的授权范围,你还需要向上级汇报并经许可,方可答应客人换房
3	办理换房手续	为客人制作新的房间钥匙,填写房间/房租变更单,更新相关信息
4	送客进房	由接待员或行李员亲自送客人进房
5	后续工作	寻找出错原因,及时修正,通知有关部门

2. 增配钥匙的程序与要求

增配钥匙的程序与要求如表 6-12 所示。

表 6-12 增配钥匙的程序与要求

程 序		要 求
1	询问原因	了解增配钥匙的原因,是客人遗失还是因为数量不够
2	核实客人身份	问清客人相关信息,核对这些信息与电脑中的记录是否相符,保证该客人确实是此房间的住店客人
3	配置钥匙	如果是遗失钥匙,则需要重新配置,并让客人赔偿相应的费用 如果是增配钥匙,则为客人配制钥匙的复印件

任务二　客人投诉的处理

任务引入

3月5日下午,酒店406的住客张先生怒气冲冲地找到大堂副理说前台工作人员在结账时多收了自己100元钱。

经了解,前台账目中关于张先生曾于3月4日中午,在西餐厅消费了100元,所以结账时需支付这笔费用。但是张先生完全否认自己在西餐厅有过消费,大堂副理立即向Susan及餐饮部询问。原来是这样的:张先生的女儿在3月4日见了张先生后,中午12点在西餐厅用餐,直接用的张先生的房卡和信息。张先生浑然不知以上所发生的一切,当大家核实清楚后,才明白是个误会。

事后大堂副理就这件事情教育了Susan做事的方法。Susan了解了这次事件的严重性,也开始思考预防客人投诉和处理客人投诉的程序及方法。

理论知识

客人投诉是酒店各个部门遇到都会头痛的问题,由于不同客人对服务的主观感受不同、认识不同,对服务标准的看法不同,酒店就更应该研究清楚如何做好接待投诉的客人、如何处理好客人的投诉问题,从而提高酒店的服务水平。

一、客人投诉产生的原因

(一)客人对酒店提供的服务不满

1. 硬件服务不满

酒店的硬件服务是指酒店房间提供的基础设备服务,主要包括床、独立浴室、马桶、浴缸、电话、电视、闹钟等住宿必需设备。另外,还包括健身房、游泳馆、电竞厅、阅读室、台球厅等更高级的配置。

2. 软件服务不满

酒店的软件服务是指酒店提供的服务和酒店环境等非物质设施,如前台接待服务、客房接待服务、餐饮接待服务、娱乐服务等。很多星级酒店都会为客人提供完备的软件设施,比如细致入微的服务、音乐、艺术表演等。

(二)酒店的管理不满

1. 职能范围不清

职能不仅仅是工作内容和范围,还是一种能力要求。一定的岗位职责需要相应的能力与之匹配,否则,不仅岗位职责得不到有效履行,还会造成严重的问题。

2. 管理层次混乱

酒店内部实行按层级进行管理,但时常会发生各层级之间信息沟通不畅、部门职能或个人职责划分不清、组织冲突、推诿扯皮和执行乏力等问题,如果管理层次混乱,会给酒店带来严重的影响。

(三)客人对酒店的有关政策规定不了解或是有误解

1. 客人对于酒店的规定不知情

每个行业都有自己的行业要求和行业规范,作为酒店行业,也有自己的执行标准。例如,酒店的入住时间为当天 14:00 以后,离店时间为次日正午 12:00,如提前入住或推迟离店,酒店会酌情加收一定的费用。这个是依据酒店行业惯例,而国家是没有明文规定的。有些客人对于酒店的一些规定是处于完全不知情的状态,酒店服务人员在为客人提供服务时,应该及时提醒客人,避免产生不必要的纠纷。

2. 客人对于酒店的规定理解错误

酒店行业在经营过程中,有一些规定会被客人理解错误。例如,新东方酒店在旅游淡季时,酒店房间享受 8 折优惠,与此同时还限时推出 5 间特价房,但两个优惠活动不能同时享受。一位客人结账时提出自己入住的特价房还应该再享受 8 折优惠,结果被酒店拒绝后,客人感觉到非常不满。客人对于酒店的规定理解错误,会造成客户关系紧张,会对酒店产生严重的影响。

二、处理客人投诉的程序和要求

处理客人投诉的程序和要求如表 6-13 所示。

表 6-13 处理客人投诉的程序和要求

	程　序	要　求
1	停下手中的工作马上面对客人	保持目光接触,最好将客人安置在独立的空间或安静的场所,如果事态无法控制,就及时通知经理

续表

程　序		要　求
2	仔细聆听	不要打断客人,不要试图解释,耐心听完客人的讲述,并做必要的记录
3	不要表现出个人的感情色彩	表现出对客人的理解,不要表现出不高兴
4	理解客人的感受	如果客人情绪激动,使用相应的语言安慰客人
5	不要找借口	不要试图找借口掩盖事实
6	立即采取行动	让客人看到你立即采取行动解决问题,当面打电话给相应部门,要求解决问题。有时不能马上解决的投诉,准备相应的材料给相关部门处理,跟进投诉的解决情况,告知客人投诉解决的进程和结果
7	告诉客人我们所能做的	提供解决问题的方案,不要承诺不可能完成的事情,以免引起新的投诉
8	感谢客人	感谢客人提出问题,并对给客人造成的不便表示歉意。如果有必要,准备道歉信或送水果等表达歉意
9	确保客人满意投诉的处理结果	与客人联系确认客人是否满意我们的处理结果,输入客史资料。通知服务经理或部门经理。在交班本上写明投诉的经过和处理结果

三、处理客人投诉的原则

（一）真心实意地帮助客人解决问题

酒店服务人员及管理人员要明白,处理客人投诉时的任何拖沓或"没了下文"都会招致客人更强烈的不满。酒店要根据实际情况,设身处地地为客人着想,去帮助客人处理问题。使"不满意"的客人转变为"满意"的客人。

（二）不与客人争辩

即使是客人错了,也不能与客人争辩,不能与客人正面交锋,只能耐心地解释,取得客人的理解和谅解。

（三）不因小失大,追求"双利益"原则

必要时把"对"让给客人。处理客人投诉时既要保护酒店的利益,也不能损害客人的利益。如果片面地追求酒店的利益,其结果必然损害客人的利益,最终结果将是损害酒店的长远利益。

实践操作

5月2日晚上9点,Susan接到王先生的预订电话后,为这位熟客预留了最后一间标准间,并约好22点入住,由于23点王先生都未抵店,Susan就把房间给卖掉了,结果23点30分时,王先生到达酒店,却被告知酒店没有房间了,王先生非常愤怒地找到大堂副理投诉,请大家帮助Susan处理眼前的这个难题。

一、实训目的

掌握客人投诉的处理程序和原则。

二、实训要求

1. 基础训练:按照两人一组,分别模拟客人和服务人员进行对问题的标准处理。
2. 应变训练:在处理问题的过程中,客人提出变化各种需求来培养服务人员的应变能力。

三、模拟范例

大堂副理:"晚上好,我是大堂副理,很高兴为您服务。"
王先生:"我要投诉你们酒店,我预订了房间212,现在居然卖给了其他顾客,这叫我该怎么办……"
大堂副理:"很抱歉,王先生,给您带来了如此不便,我们立刻处理您的住宿问题,请先到接待室暂作休息。"
(请客人到接待室暂坐,耐心倾听客人的诉说,做好记录,送上水果和茶水,并立即为客人联系相同档次且客人能够满意的酒店)
Susan:"您好,王先生,对不起,由于我们的原因给您造成如此不便,这里再次给您致以万分的歉意,您看现在都这么晚了,为了方便您尽快休息,我们现在给您安排了一个同等规格的房间,就在马路对面的酒店,您看是否能够接受?我们可以为您提供两次免费拨打长途电话服务,方便您将新酒店的信息通知家人。再提供一天免费的早餐服务,您看可以吗?"
王先生:"好吧,那马上送我过去。"
(通知行李部,将王先生送到对面的酒店,十分钟后致电王先生)
Susan:"您好,王先生,这里是A酒店,请问您对安排的房间还满意吗?"

王先生:"还可以。"

Susan:"非常感谢王先生的理解和配合。祝您住店愉快!"

四、实训考核表

客人投诉的处理的实训考核表如表6-14所示。

表6-14 客人投诉的处理的实训考核表

实训内容		考核项目	分 值	得 分
客人投诉的处理	1	做好接待投诉客人的心理准备	10	
	2	对于客人所发生的不幸遭遇表示歉意	20	
	3	认真倾听客人的投诉,做好投诉记录	20	
	4	对于客人反映的问题立即着手处理	15	
	5	对投诉的处理过程进行实时跟进	10	
	6	投诉处理完成后,询问客人对处理结果是否满意,同时感谢客人	10	
	7	仪容仪表及礼节	15	
总分			100	

【经典案例】

"什么,还没有给您送去?"

一位客人深夜抵店,行李员带客人进客房后,将钥匙交给客人,并对客房设施做了简单的介绍,然后进入卫生间,打开浴缸水龙头往浴缸内放水,客人看到行李员用手亲自调试水温,几分钟后,行李员出来告诉客人,水已放好,请客人洗个澡,早点休息。客人暗自赞叹该酒店服务真不错。

行李员走后,客人脱衣去卫生间洗澡,却发现浴缸里的水是冰凉的,打开热水龙头,同样是凉水。于是打电话到总台,总台的回答是:"对不起,晚上12:00以后,无热水供应。"客人无言以对,心想,该酒店从收费标准到硬件设备,最少应算星级酒店,怎么能晚上12:00以后就不供应热水了呢?可又一想,既然是酒店的规定,也不好再说什么,只能自认倒霉。"不过,如果您需要的话我让楼层服务员为您烧一桶热水送到房间,好吗?"还未等客人放下电话,前台小姐又补充道。

"那好啊,多谢了!"客人对酒店能够破例为自己提供服务表示感激。

放下电话后,客人开始等待。半个多小时过去了,客人看看表,已经到了凌晨1:00,可那桶热水还没送来,又一想,也许楼层烧水不方便,需要再等一会儿。又过了半个小时,电视节目也看完了,还不见有热水送来,客人无法再等下去了,只好再打电话到总台。

"什么,还没有给您送去?"前台服务员表示吃惊,"我已经给楼层说过了啊!要不我再给他们打电话催催?"

"不用了,还是我自己打电话问吧。请你把楼层服务台的电话告诉我!"客人心想,既然前台已经通知了,而这么久还没有送来,必定有原因。为了避免再次做无谓的等候,还是亲自问一问好。于是,按照前台服务员提供的电话号码,客人拨通了楼层服务台的电话,回答是:"什么,送水?酒店晚上12:00以后就没有热水了!"

……

【案例评析】

在上述案例中,其实客人并非一定要洗个澡,只是酒店已经答应为客人提供热水,才使客人"白"等了一个多小时,结果澡也没洗成,觉也没睡好,还影响了第二天的工作。问题就出在服务员虽然答应为客人解决问题,但没有对解决过程和解决结果予以关注。

拓展提升

处理客人投诉的方法很多,任何事件都会随着当时的情况、时间、环境变化,这就要求每一个当事人必须保持冷静的头脑,特别是要注意说话,哪些话能说,哪些话不能说。要知道说错一句话,会起到火上浇油的效果,后果更麻烦。所以酒店要对客人有正确的认识,要掌握好与客人的沟通技巧。

1. 常见技巧一:语言艺术法

4月5日,前台收银处有位张先生正在发火,大堂副理急忙过去问明情况。原来张先生要办离店手续,客房查房时间过长。当时张先生忍不住问情况,被告知"楼层正在检查你的房间,请稍等"。本来就火了的客人大声喊道:"难道我还能拿走客房什么有价值的东西吗?"他认为是对他的不尊重,大堂副理连忙解释:"先生,是我们的员工没有把意思表达明白,我们不是检查房间里少了什么,相反是怕多了什么您遗忘了的东西,这样会给您旅途带来不便,我们这就为您办手续。"服务员立刻理解含义,继续为他办手续,大堂副理则到另一部电话上询问房间情况,服务员在得到明确答复后即刻将手续交办完,此时的张先生也觉得不好意思,道歉说:"是我误解了你们,对不起。"

2. 常见技巧二:顺藤摸瓜法

3月9日,酒店王先生投诉,说他的衬衣被洗坏了,并告知说这件衬衣在北京专卖店标价3000元。大堂经理从员工那里了解了收衣时的情况,服务员说右边袖口处有一小破洞,他当时也知道并认可。大堂经理与相关工作人员进入客房后,仔细查看那件衬衣的确损坏严重,大堂经理同意客人的说法,真心地向客人道歉。大堂经理一边道歉一边用手指着损坏的部分往下看,手指停在了那个"小破洞"旁。"啊,这里还有一个破洞,这个也是我们毁坏的吧?"客人连忙答道:"不,不是的,这是我自己不小心弄的,与你们无关。"大堂经理说:"看了这件衬衣被损坏成这样很是心痛,我们决定赔偿,请您告诉我您是什么时候买的这件衬衣?"潜台词就是你的衬衣破了,值多少钱?客人此时已很不好意思了,问道:"请问是谁赔?酒店还是员工?"大堂经理知道,此时是把"梯子"送过去的最佳时刻,"可能是员工,因为她没有按要求操作,给您造成损失。"客人立即回答道:"那就算了吧,服务员一直对我都很不错,因为这件衬衣让他们赔钱,就算了吧。"

试想一下,一开始就指出"破洞",或直接就问"这件衬衣你穿破了,要多少钱?"太直白会使矛盾易激化,不易下台阶。有些事情在相互尊重的交流下,心领神会效果更好。处理问题一定要把握分寸,要有技巧,要把一点小小的筹码放在四两拨千斤的时候再用。

3. 常见技巧三:抽丝剥茧法

有些事情其实事实已经很明确了,但在处理中仍需要足够的耐心和时间一步一步把过程走下来,需要一层一层地剥开。

这就要求我们要充分理解对方,但决不做无原则让步。要学会适时、适当地搭"梯子",别乱搭,以免引起尴尬更难收场。那么如何一层一层地剥呢?

第一,要充分了解事情经过,掌握说服对方最有力的证据。第二,给人的第一印象很重要,了解了事情的大小、轻重、缘由后,一定要把握好自己在现场的态度分寸,太过了不庄重,太浅了不重视。第三,根据对方的态度,敏捷地度量你让步的最低限度,以确保酒店利益不受或少受损失。第四,寻找达到目的的途径和方法。当然此时是你需要让对方感受到你有理有据的一面和他方的不足之处。第五,做好"摆好梯子""下台阶"的工作,越隐蔽越好,让对方看不出来,给足其面子。第六,准备好道谢的话。给对方造成了不便,还理解工作,理应道谢。

任务三 前厅服务质量概述

任务引入

"你们的工作真细致!这样高水平的服务,我太满意了,下次还住这家酒店!"Susan在大堂就听见来自一位香港客人对自己师傅Amy的赞赏,不由得凑过去欣赏。原来张女士在第一次入住酒店时,无意中说道,最喜欢入睡时伴着百合的气味,当时的服务员就在客史档案上进行了记录。本次入住时,服务员Amy提前在房间里放上了一束百合花,使客人感到十分惊喜。所以看到了刚开始的画面,Susan希望以后也有一位顾客可以这样来夸赞自己,于是Susan向师傅Amy请教:如何采集全面的客人信息,如何运用客史档案,以及如何提高服务质量从而使客人感到满意和惊喜。

理论知识

一、前厅服务质量

"质量"这一概念在不同行业、不同地方有着不同的定义。但无论何种定义,它们有一个共同点就是:质量是衡量某种产品或服务的标准或尺度,这一标准或尺度应该符合客人对这一产品或服务的期望值和价值观,并使客人高度满意。

(一)顾客服务质量的感知

严格来说,酒店前厅部为宾客提供的产品就是"服务",所以前厅部的服务质量就是衡量酒店水平的标准和尺度。著名管理学家菲利浦·科特勒指出,影响服务质量的要素有5个,分别是服务规范性,服务主动性,知识、能力和态度,情感投入,以及服务的具体性。按照这些标准和尺度提供的服务给客人带来的实际感觉和客人对这些服务的期望值之间的差距决定了客人对服务质量高低的判断。如果客人的实际感觉超出其期望值,则说明服务质量高;两者一致,则说明服务质量普通;同理,实际感觉低于期望值,则说明服务质量差,如图6-1所示。为了保证高质量的服务,酒店需要做很多工作来完善各种体制。

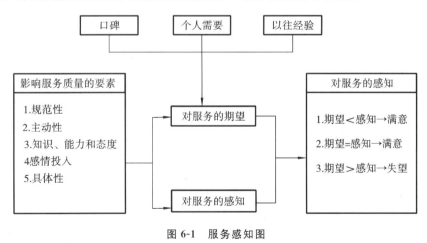

图6-1 服务感知图

(二)前厅服务质量的内容

服务质量的好坏,受顾客本身评价标准和感受的影响,所以我们可以认为能满足宾客需求和能给宾客带来惊喜的服务,就是好的服务。依据各酒店的情况不同而有所差异,通常情况应包含以下几项基本内容。

1. 服务规程

服务规程是服务质量首先要确定的内容,从工作程序和作业内容上确定质量,使员工都有可遵照的依据,这是服务质量的基础。前厅各项基本服务的正确操作规程和操作步骤规范了服务人员的服务行为,确保了客人无论何时入住酒店都能享受到同等的服务和接待。国际国内著名酒店集团所属的酒店由于有了统一的服务规程,保证了客人无论下榻集团的哪一家酒店,都能享受到同样的服务。

2. 服务时间

任何一项好的服务都是有相应的时间的,即在有效的时间限度内送达或完成某项服务。这里的有效的时间,其最低限度就是指在宾客产生不耐烦情绪之前,所以服务时间就成为衡量服务质量的重要标志。为了保证前厅部各项服务的质量,各岗位都会制定一定的服务时间限制,以确保员工在规定的时间内准确成功地完成各项服务。

3. 服务设施设备

设施设备是高效提供全面服务的基础,包括机器设备、办公用品以及前厅服务项目、宣传资料、服务时间等具体可见的条件。服务设施决定了酒店前厅的主要服务内容,而设施设备决定了服务能否按照程序要求准确无误地完成。酒店产品是有形设施与无形服务的结合,虽然服务是最本质的,但是服务是建立在设施设备基础之上的。

4. 服务行为

(1) 服务态度。

美国商业酒店的创始人斯塔特勒先生曾经指出:"服务指的是雇员对客人所表示的谦恭的、有效的关心程度。"这里的"谦恭的、有效的关心"就是服务的态度。

(2) 语言行为。

服务的语言行为,可以用服务(service)一词的几个字母来表示。smile——微笑,提供微笑服务;excellent——出色,将每一项微小的工作做到出色;ready——准备好,随时准备好为宾客服务;view——看待,客人都需要特殊照顾;invite——邀请,每次服务完成后的邀请;creat——创造,精心创造热情服务的气氛;eyes——目光,热情友好的目光关注顾客。

二、客史档案

酒店客史档案是指酒店在日常经营、服务过程中有意识地建立起来的客户信息资料与相关评价资料,它是酒店信息资源的重要组成部分,是形成酒店与客户良好关系的基础。因此,为了进一步提升酒店的综合竞争能力,非常有必要建立有效的客史档案。

(一) 客史档案的内容

1. 客人的基本信息

客人的姓名、性别、年龄、出生日期、婚姻状况、通信地址、电话号码、公司名称、担任职务等。入住期间的房间类型、房间价格、用餐费用、娱乐费用等。

2. 客人的特殊信息

客人的兴趣爱好、行为习惯、宗教信仰和禁忌。入住期间对酒店的特殊要求、表扬、批评、建议、投诉等。

表 6-15 所示为酒店客史档案表。

表 6-15 酒店客史档案表

酒店名称：　　　　　　　　　　　　　　　　　　　　　　　　　　　　日期：

编号	姓名	性别	出生年月	单位名称	职务	联系电话	通信地址	电子邮箱

用餐爱好		住房爱好		客人忌讳	其他习惯
1. 餐具和杯具的要求		1. 喜欢的房型、房号			
2. 调料的喜好		2. 房间的位置（内外景、靠电梯、靠角落等）			
3. 菜肴喜好					
4. 酒水的喜好		3. 喜欢的枕头、棉织品等			
5. 茶水喜好		4. 喜欢的洁具			
6. 菜肴喜爱的品种		5. 喜欢看的电视节目			

（二）建立客史档案的程序

1. 收集信息

（1）正式的信息来源。

（2）其他的信息来源。

2. 核对信息

（1）核对正式信息是否有误。

（2）核对其他信息是否真实。

3. 电子存档

（1）根据酒店系统进行标准输入。

(2) 根据酒店系统进行特殊备注。

(三) 建立客史档案的注意事项

1. 要特别重视选择下列重点客人建立客史档案

(1) VIP档案,即贵宾客史档案。

VIP与普通客人有明显的区别,他们应是知名人士、经常光顾的中高档客人或是对本地区、本酒店有重要意义的人或群体。

(2) 长住客档案。

长住客是酒店生存的重要支柱之一,是酒店经营保本、收支平衡的重要基础。酒店要以更多的服务项目、更高的服务质量留住长住客、吸引长住客,而完整和准确的长住客信息的收集和建立客史档案则是其基础工作。

(3) 忠诚顾客档案。

他们经常或长期购买使用酒店产品,为这些宾客建立客史档案,将成为酒店开发新产品、设立新项目、质量上等级的重要依据。

(4) "黑名单"客人档案。

有些客人因为逃账、欺诈、损坏设施、损害酒店荣誉、犯罪嫌疑等劣迹而上了酒店"黑名单"。收集与储存"黑名单"客人信息,既可以保护绝大多数正常客人的权益,也有利于同行业的及时防范。

2. 档案的定期清理

为了充分发挥客史档案的作用,酒店应每年系统地对客史档案进行1—2次的检查和整理。检查资料的准确性,整理和删除档案。对久未住店的客人档案予以清理前,最好给客人寄一份"召回书",以唤起客人对曾经住过的酒店的美好回忆,做最后一次促销努力。

实践操作

8月5日14:00,服务员Susan正在为一位唐小姐办理入住登记手续,系统显示当天正好是唐小姐的生日。作为酒店在这个特殊的日子该怎样给这位客人提供服务呢?

一、实训目的

能够熟练地运用客史档案。

二、实训要求

1. 基础训练:按照两人一组,分别模拟客人和服务人员进行对客服务要求的掌握。
2. 应变训练:如何给客人制造喜出望外的美好感受。

三、模拟范例

Susan:"唐小姐,生日快乐,祝您入住愉快!"

(打印客人生日报表,上报 GRO(客户关系主任)。GRO 下生日蛋糕订单给餐饮部)

唐小姐:"谢谢你的祝福。"

(生日蛋糕准备好后,送餐部通知 GRO,GRO 安排接待员送蛋糕)

Susan:"唐小姐,生日快乐,我们酒店专门为您准备了榴莲味的生日蛋糕,现在方便给您送过来吗?"

唐小姐:"非常感谢,请问你们怎么知道我喜欢吃榴莲味的呀?"

Susan:"您上次住在酒店的时候,说过很喜欢吃榴莲味的糕点,我们就在您的客史档案上加了一笔。"

唐小姐:"你们的服务太贴心了,你们过来吧,我在房间里。"

(按进门程序,敲开客人的房门)

Susan:"生日快乐,唐小姐!"……

(拍照留念,然后给客人送照片,道别)

四、实训考核表

运用客史档案提供优质服务实训考核表如表 6-16 所示。

表 6-16 运用客史档案提供优质服务实训考核表

实训内容		考核项目	分值	得分
运用客史档案提供优质服务	1	查询客史档案	10	
	2	打印客人生日报表	20	
	3	GRO 通知餐饮部制作蛋糕	20	
	4	联系客人,确认送蛋糕时间	15	
	5	送蛋糕,拍照	10	
	6	送照片	10	
	7	仪容仪表及礼节	15	
总分			100	

【经典案例】

在《世界经理人文摘》上曾登载了这样一个"胡萝卜汁的故事"。

"几年前,我和香港 Regent 酒店的总经理一起用餐时,他问我最喜欢喝什么饮料,我说最喜欢胡萝卜汁。大约六个月以后,我再次在 Regent 酒店做客。在房间的冰箱里,我发现了一大杯胡萝卜汁。十年来不管什么时候住进 Regent 酒店,他们都为我准备胡萝卜汁;最近一次旅行中,飞机还没在启德机场降落,我就想到酒店里等着我的那杯胡萝卜汁,顿时满嘴口水。十年间,尽管酒店的房价涨了三倍多,我还是住这家酒店,就是因为他们为我准备了胡萝卜汁。"

【案例评析】

这位客人之所以每次住 Regent 酒店都能享受到"一大杯胡萝卜汁"的待遇,就是因为酒店掌握了该客人的需求资料,建立了客史档案,是客史档案赢得了客人,争取了回头客。

其实,这一切应归功于客史档案,要了解客人的这些资料,只要建立客史档案就可以了。客史档案的建立,使得酒店能够为客人提供有针对性的、更加富有人情味的服务。客史档案的利用,也为酒店培养了忠诚的顾客。

拓展提升

客史档案为酒店的细微化服务和个性化服务提供了更高的使用效率。客户的信息采集是贯穿在全体员工具体细致的对客服务过程之中的,在不同的部门,不同岗位的服务人员都可以注意到客人的细节问题。

(1) 在前厅,一名优秀的行李员能够在为新客人服务的过程中,委婉地询问客人的姓氏,准确地用姓氏尊称客人,并在与客人交流时得到对方的一些信息。

(2) 在餐厅,细心的餐厅服务员发现某位客人特别喜欢餐后喝一杯法国葡萄酒,就将这个信息传到营销部,存入资料库。

(3) 具有娴熟服务技巧的点菜员在点菜过程中,可运用婉转的语言与顾客沟通,并进一步了解客人喜爱的菜品、爱喝的酒水等,并做好信息传递和记录工作。

(4) 楼层服务员在服务中注意客人的举动、客人的喜好,抓住机会与客人沟通。

(5) 客房服务员面对一间客人使用过的客房,看到烟灰缸里有很多烟蒂,说明客人烟瘾很大,酒店可以考虑当这个客人再次入住时事先放润喉糖。

(6) 优秀的吧台收银员、接待员应熟悉客户有关方面的喜好、结账方式或特殊需求等。

项目小结

客户关系维护能促进酒店进行深入分析,整合客户资源,以客人的需求为中心,提供标准化、个性化的服务。解决住客的常见问题,倾听客人对酒店的建议和意见,处理好各种投诉,合理运用客史档案,能有效地提高和优化酒店服务质量。

项目训练

一、知识训练

1. 单选题

（1）服务员出差错后,要如何处理？（　　）
A. 找借口　　　　　　　　　　　B. 为后续发展负起责任
C. 抬出公司规定　　　　　　　　D. 心里想"谁管你啊？"

（2）顾客身份有高有低,作为酒店员工应怎么看待？（　　）
A. 分为三六九等　　　　　　　　B. 要区别对待
C. 所有的客人都是贵客　　　　　D. 特殊的客人特殊对待

（3）如果你的工作失误造成了顾客钱财上的损失,你会（　　）。
A. 上报经理,由经理出面解决　　B. 给顾客一定的优惠或折扣
C. 跟顾客协商解决,希望顾客不要太计较　D. 自掏腰包解决

（4）下列哪种称呼方式会让顾客感觉更亲切？（　　）
A. 先生　　　B. 王先生　　　C. 王总　　　D. 客人

（5）客人投诉的根本原因主要是（　　）。
A. 客人实际所体验到的服务效果与其所期望的服务相同
B. 客人难以权衡自己实际所体验到的服务效果与其所期望的服务
C. 客人实际所体验到的服务效果好于其所期望的服务
D. 客人实际所体验到的服务不如所期望的服务效果

（6）以下哪类投诉最为常见？（　　）
A. 软件不足　　　　　　　　　　B. 规定及制度不认同
C. 食品及饮料不合格　　　　　　D. 硬件缺陷

2. 多选题

（1）来自客人要求换房的原因有（　　）。
A. 房间靠马路,太吵了　　　　　B. 房间朝向不好,太晒了
C. 住宿过程中人数增加了　　　　D. 热水器放不出热水了

（2）预订失约行为的控制方法一般有（　　）。
A. 核对预订　　　　　　　　　　B. 增加保证类预订
C. 控制超额预订　　　　　　　　D. 增加电话预订

（3）处理投诉的基本原则包括（　　）。
A. 绝不与客人争辩争吵　　　　　B. 一切按照客人的要求来办
C. 不损害酒店的利益和形象　　　D. 真心诚意帮助客人解决问题

（4）属于认真聆听客人投诉内容的行为有（　　）。
A. 表示同情　　　　　　　　　　B. 努力向客人解释原因
C. 适当反应　　　　　　　　　　D. 保持冷静

(5) 投诉处理的步骤有（　　　）。
A. 检查落实并记录存档　　　　　　B. 把将要采取的措施和所需时间告诉客人
C. 认真做好相关记录　　　　　　　D. 采取行动，为客人解决问题

3. 判断题

(1)（　　）延迟退房是指客人在规定退房时间内没有退房，需要进行延时处理，在这种情况下，酒店不能加收客人的额外费用。

(2)（　　）为了充分发挥客史档案的作用，酒店应每年对客史档案进行检查和整理。检查资料的准确性，整理和删除档案。

(3)（　　）客人的投诉对我们酒店是有价值、有意义的，因此我们对客人的投诉应该持一种积极、欢迎的态度，要理解客人的心理，充分重视他们的意见。

(4)（　　）一家经营得非常出色的酒店，可以百分之百地让每个客人都满意，从而完全避免客人投诉的发生。

(5)（　　）处理客人投诉时，要有心理准备，即使客人使用了过激的语言及行为，我们也一定要在冷静的状态下同客人沟通，绝对不要与客人争辩，任何争辩和解释都隐含着"客人错了"的思想。

(6)（　　）如果对客人投诉的处理已经超出自己权限的，我们应该礼貌告诉客人，自己无权处理此事，请其去找更高级别的人员解决问题。

二、实训操作

1. 张女士原定于7月20日离店，但由于商务会议的召开需要延迟几天，所以张女士需要在酒店多住两天，但因为用房紧张，张女士的房间已经被预订给7月20到店的李女士了。请你妥善完成张女士的续住问题。

2. 5月4日，王先生到达酒店后，发现由于工作人员未及时修改信息，因而未保留他原先预订的客房，顿时非常气愤，找到大堂副理进行投诉，请你妥善处理好此次投诉事件。

三、案例分析

早晨刚上班，某客户给我打电话说："我老家来了一个侄子，昨天在你那儿住了一宿，先记账。我送不了他。他没出过门，我让他找你，你找人送他到火车站……"正说着，服务员已经领着一个人到了办公室。

他个头不高，厚厚的棉袄外套了一件不合体的西服，手里捏着我的名片。问我："你是这儿的经理呀？"我说："是。""那个谁跟你说了没？"我对电话里的客户说："好，他来了。你和他还有什么事吗？……那好，再见。"

"嘿！你这屋里挺暖和，我住的屋里忒冷，还就那么一个小薄被窝，还不如村里呢，可把我冻坏了！"我说："你没开空调吧？你看！"我指着卫生间墙上的开关，"就是它，拧了没有？""哟，那儿还有开关啊？我说呢。"我和他开玩笑说："你还嚷冷。你吃饭了吗？"他说："吃了。"他凑到我跟前，小声说："你们的饭忒贵，我就喝了两碗粥，她们说10块钱！还是那么小的碗！"我问他："你没吃别的？鸡蛋、肉什么的，那么多好吃的都没吃？""没有。"他很肯定地回答，"再吃那些得多少钱呢！"我说："那是自助餐，你吃什么，吃多少都是10块钱。吃饱、别浪费就行。走，我领你再吃点儿去。""不了，我得赶紧，就一趟车。"他低下头，脸红了。他的内

心肯定不舒服,觉得冒傻气了。我联想到餐桌上客人喝洗手盅里水的事件,赶紧缓和气氛:"都是我们服务员不好,没告诉你。非狠狠地批评他们不可!别在意,下回你就都知道了。"

问题:试分析,这位来自乡下的客人对酒店的服务会满意吗。如果不满意,原因出在哪里?

参 考 文 献

[1] 吴梅,陈春燕.前厅服务与管理[M].3版.北京:高等教育出版社,2012.
[2] 黄志刚.前厅服务与管理[M].2版.北京:北京大学出版社,2015.
[3] 赖斌,龚秋菊.前厅服务综合实训[M].北京:北京师范大学出版社,2012.
[4] 曹红,方宁.前厅客房服务实训教程[M].北京:旅游教育出版社,2009.
[5] 邢夫敏.现代酒店管理与服务案例[M].北京:北京大学出版社,2012.
[6] 欧俊,贺兰.做最好的服务员:酒店服务情景训练全书[M].北京:化学工业出版社,2010.

教学支持说明

中等职业教育旅游类示范院校"十四五"规划教材系华中科技大学出版社重点规划教材。

为了改善教学效果,提高教材的使用效率,满足授课教师的教学需求,本套教材备有与教材配套的教学课件(PPT电子教案)和拓展资源(案例库、习题库等)。

为保证本教学课件及相关教学资料仅为教材使用者所得,我们将向使用本套教材的授课教师和学生免费赠送教学课件或者相关教学资料,烦请授课教师和学生通过电话、邮件或者加入旅游专家俱乐部QQ群等方式与我们联系,获取"教学课件资源申请表"电子文档,并准确填写后发给我们,我们的联系方式如下:

地址:湖北省武汉市东湖新技术开发区华工科技园华工园六路

邮编:430223

电话:027-81321911

E-mail:lyzjjlb@163.com

旅游专家俱乐部QQ群号:1005665955

教学课件资源申请表

填表时间：_____年___月___日

以下内容请按实际情况写，以详尽、字迹清晰为盼，☆为必填项，如方便请惠赐名片！

☆教师姓名		☆性别	□男 □女	出生年月		☆职务			
						☆职称	□教授	□副教授	
							□讲师	□助教	

☆学校		☆院/系	
☆教研室		☆专业	
☆办公电话		家庭电话		☆移动电话	
☆E-mail（请清晰填写）			QQ	
☆联系地址			邮编	

☆现在主授课程情况	学生人数	教材所属出版社	教材满意度
课程一			□满意 □一般 □不满意
课程二			□满意 □一般 □不满意
课程三			□满意 □一般 □不满意
其它			□满意 □一般 □不满意

教材或学术著作出版信息

方向一	□准备写 □写作中 □已成稿 □已出版待修订 □有讲义
方向二	□准备写 □写作中 □已成稿 □已出版待修订 □有讲义
方向三	□准备写 □写作中 □已成稿 □已出版待修订 □有讲义

请教师认真填写表格下列内容，提供索取课件配套教材的相关信息，我社根据每位教师填表信息的完整性、授课情况与索取课件的相关性，以及教材使用的情况赠送教材的配套课件及相关教学资源。

ISBN（书号）	书名	作者	索取课件简要说明	学生人数（如选作教材）
7-5609-（　　）			□教学 □参考	
7-5609-（　　）			□教学 □参考	

您对配套课件的纸质教材的意见和建议：